Manual Ministerial

MANUAL MINISTERIAL
John Rempel (Ed.)

Manual Ministerial, derechos reservados © 2006, Faith & Life Resources, una división de Mennonite Publishing Network, Scottdale, PA, Estados Unidos, 15683; oficina canadiense, Waterloo, ON, Canadá, N2L 6H7. Una traducción de *Minister's Manual*, publicado en 1998 por Faith & Life Press (Newton, Kansas) y Herald Press (Scottdale, PA).

Todos los derechos reservados. Esta publicación no puede ser reproducida, almacenada en ningún sistema de lectura electrónica ni transmitida parcial ni totalmente, en ninguna forma, por ningún medio, sea electrónico, mecánico, fotoestático ni cualquiera utilizado para grabación, sin el permiso de los dueños de los derechos de autor.

La mayoría de los himnos y algunas de las lecturas que aparecen en este manual fueron tomados de *Hymnal: A Worship Book*, publicado en 1992 por Faith & Life Press, Herald Press y Brethren Press. La referencia abreviado al himnario es HWB.

Patterns and Prayers for Christian Worship (Oxford: Oxford University Press, 1991), *Book of Common Prayer* (New York: Church Pension Fund, 1979) y *For All Who Minister* (Elgin: Brethren Press, 1993) fueron valiosas fuentes de información para la complicación del presente *Manual Ministerial*.

Los recursos de este manual pueden copiarse únicamente para usos congregacionales, a menos que se indique de otra manera.

ISBN 0-8361-9350-4

Traducción: Milka Rindzinski
Diseño: Sandra Johnson
Diseño de cubierta: Gwen Stamm y Merrill Miller

Impreso en Estados Unidos de América

Para pedir más libros o informacion,
llame 1-800-245-7894 (trade).
www.mennomedia.org

Contenido

Introducción	7
Introducción a la Versión en Español	13
Culto y Liturgia	17
Devoción más allá de las palabras	23
La iglesia en oración	29
Cultos de Oración y Recursos	33
El año eclesial y el leccionario	47
Bautismo y membresía de la iglesia	53
La Ceremonia del Bautismo	61
Otras Preguntas Bautismales	64
Otras Fórmulas Bautismales	66
Otras Oraciones de Bendición al Final del Bautismo	66
Otras Palabras de Bienvenida	69
Transferencia de Membresía	70
Renovación del Pacto	71

La cena del señor	73
Modelo 1	85
Comunión en Circunstancias Especiales	93
Modelo 2	94
Acto de Preparación en un Culto Previo	99
Otras Palabras de Invitación	100
Otras Oraciones de Comunión	101
Otras Oraciones de Gratitud	106
Otras Oraciones para Después de la Comunión	108
Bendición	113
Casamientos	117
La Consagración de Padres y Párvulos	129
Otros Cultos de Bendición	135
El llamado y dedicación de líderes	149
Ordenación Modelo 1	155
Ordenación Modelo 2	160
Instalación de un Ministro o Ministra	166
Licencia de un Ministro o Ministra Previa a la Ordenación	169
Licencia / Envío / Comisión para un Ministerio Específico	172
Comisión de Diáconos, Diaconisas. Ancianos y Ancianas	176
Lamentaciones y sanidades	183
Ministerio en Tiempos de Muerte	186
Oraciones	192, 193
El Funeral	193
Culto en Memoria de una Persona	199
Culto en Memoria de una Tragedia Pública	201
Muerte de un Párvulo o Niña	202

Una Muerte Repentina o Violenta	202
Confesión en Ocasión de Muerte	204
Oraciones en Conmemoración de una Persona Fallecida	206
Unción con Aceite	206

Discernimiento en la congregación	217
Reunión de la congregación	223
Atar y Desatar	224

Notas	231

Confesión de fe, declaración resumida	239

Introducción

"Donde está el Espíritu del Señor, allí hay libertad" (2 Cor. 3:17). Este es el primer pensamiento que viene a la mente en la introducción de este Manual Ministerial. Es la obra de muchas manos, palabras amorosamente reunidas con el fin de que vuelvan a ser esparcidas con imaginación y libertad. Estas palabras cobran vida en la presencia del Espíritu Santo, pero vienen a nosotros de la tradición que comenzó con el Éxodo. Palabras que fueron pronunciadas y señales que fueron ofrecidas reviven a través de los siglos cada vez que proclaman nuestra relación con Dios. Describen los sueños, señales, y maravillas que nos llegan del pasado. En la alabanza, estas palabras estallan con poder redentor. Hay muchas palabras en este libro, antiguas y modernas. Ellas expresan la fe, esperanza y caridad del pueblo de Dios de los tiempos bíblicos, de la entera iglesia cristiana, y de la iglesia menonita que comenzó en el siglo XVI. Pero la tradición que representan no tiene final. Cada vez que una congregación se reúne para adorar, vuelve a encender y a dar forma a la herencia recibida para la expresión de su alabanza y de sus peticiones.

La costumbre de crear recursos de alabanza para el uso de quienes ejercen el ministiero y las congregaciones de nuestra denominación se remonta a 1625, cuando Leonard Clock publicó un folleto con dieciocho oraciones. A través de los siglos, esas oraciones fueron copiadas a mano y hechas circular, y por fin fueron incorporadas en un libro titulado *Prayer Book for Earnest Christian*[2]. Se publicaron otros manuales más extensos. Estos también fueron copiados en forma manuscrita y adaptados a nuevas circunstancias en el proceso. Además hubo ocasiones y lugares en los cuales los manuscritos fueron dejados de lado, y nuevas palabras se recibieron del Espíritu. Pero aun en esas épocas, sus frases más conmovedoras y consoladoras quedaron en la memoria de la comunidad.

De todos modos, los y las menonitas encontraron dos maneras de expresar su voz interior. Los libros de oraciones guiaron su devoción, pero fueron libremente adaptados y aun descartados. Los movimientos de renovación trajeron experiencias frescas y palabras de gracia, pero precisamente porque se atesoraron, las nuevas palabras fueron memorizadas y a menudo puestas por escrito. De esta manera el Espíritu Santo enseña a la iglesia: haciendo que las palabras antiguas cobren vida, reformándolas para una nueva época, e irrumpiendo en la iglesia con nuevas palabras que surgen directamente del corazón. Esta es la experiencia de todas las comunidades de fe. Al preparar este Manual Ministerial, hemos colocado nuestro trabajo dentro del fluir más amplio del ministerio del Espíritu. Las palabras que presentamos pretenden ser un recurso para la tarea de dirigir la adoración y la alabanza. Todas ellas pueden ser adaptadas y aumentadas. Su preparación habrá valido la pena si son útiles como punto de partida para el culto en una congregación.

Quienes prepararon este libro se sumergieron en los estilos menonitas de alabanza y adoración y estudiaron anteriores Manuales Ministeriales para descubrir recursos atesorados y adecuados. Este manual fue escrito en un momento de conmoción tan grande como el de la Reforma. Igual que los cristianos de aquella época, encontramos que las categorías espirituales heredadas eran inadecuadas para nuestra experiencia de Dios y del mundo. Por lo tanto hemos prestado de muchas fuentes—del judaísmo, de la antigua iglesia oriental y occidental, de la Edad Media, de la Reforma, del Pietismo, y del movimiento ecuménico en todo el mundo de hoy. Una palabra en cuanto a las categorías que elegimos para estos materiales. Nuestra meta era proporcionar palabras y acciones que llevaran a la presencia de Dios toda nuestra vida como individuos, iglesias, y mundo. Hemos incluido categorías obvias como bautismo y la cena del Señor. Además, hemos agrupado bendiciones en una clase especial para destacar su papel.

Una boda es un acto de bendición, pero también una persona recientemente enviudada o separada necesita una bendición. Igualmente hay una categoría para sanidad y lamentación que incluye diversos actos como funerales y unciones. Se incluye una sección difícil—el discernimiento en la congregación, incluyendo atar y desatar—porque las antiguas formas están desgastadas, y sin embargo es necesario hallar formas auténticas de expresarse en cuanto a estos aspectos dolorosos de la vida de una congregación.

Los y las menonitas tenemos un acentuado sentido de iglesia. Recordamos que pertenecemos a la comunión de los santos, la iglesia de los vivos y los muertos. Esto significa que nuestra alabanza traspasa líneas de tiempo, cultura, y tradición. Significa que ninguna expresión cultural de alabanza, sea alemana tradicional, contemporánea norteamericana o latina, expresa plenamente el total de nuestra vida en Dios. Este hecho lleva a algunas personas a sugerir que se puede prescindir totalmente de recursos para el culto. Pero necesitamos un libro porque tenemos una historia. La contribución más profunda de este libro para la alabanza y adoración de los menonitas de esta generación será, si Dios lo permite, transmitir a las congregaciones el sentido de que pertenecen a la comunión de los santos, y que sus palabras y gestos y música se extienden por medio de Cristo por todo el mundo y se remontan hasta el llamado de Israel. Si los y las menonitas tradicionales, que se nutren del movimiento litúrgico, y quienes se inspiran en el movimiento carismático pueden verse a sí mismos como parte de una iglesia que es más que la suma de sus partes, descubriremos una vida de adoración en la cual las tradiciones viven y se fusionan porque el Espíritu hace posibles nuevas formas.

Deseo agradecer al comité que supervisó la creación de este manual, escribió los borradores iniciales de ensayos y recursos, y criticó cada paso del proceso. Susan Janzen y Marlene Kropf dirigieron al comité cuyos miembros fueron Dave Bergen, Tom Kauffman, Andrew Kreider, Dorothy Nickel Friesen, Sue Steiner, y John Rempel. John Esau hizo valiosos aportes al proceso. En su persona, agradezco a todos aquellos que nos ofrecieron sus oraciones o las pusieron por escrito para nuestro uso. Mi profunda gratitud a mis dos jefes, Manhattan Mennonite Fellowship y Robert Herr de la Oficina de Paz del Comité Central Menonita. Sus voces resuenan en estas páginas. Doy gracias a John Plummer no sólo por su destreza para digitar, sino también por su competencia litúrgica y literaria. No puedo pensar en un honor mayor que el que recibí cuando se me pidió que editara este volumen, es decir que escuchara y diera expresión a la voz de un pueblo en oración, mi pueblo.

Que este libro nos una con el viviente y Trino Dios que está entre nosotros, y con la Iglesia de todos los tiempos y lugares. Que nos haga intrépidos, apasionados, y afectuosos amigos y seguidores de Cristo.

> John Rempel, editor[1]
> Julio de 1997
> New York City

Introducción a la Versión en Español

Sentirse bien acompañado es gratificante, un verdadero deleite. Este Manual Ministerial es eso, una buena compañía. Cuando uno se adentra en sus páginas, encuentra el recurso necesario para cumplir con alguna tarea del ministerio, la espiritualidad y la sabiduría que nos llega como un legado que, partiendo de los tiempos bíblicos y pasando por los siglos de la historia de la iglesia, cae en nuestras manos como una bendición que el Espíritu Santo nos concede por la gracia de Dios.

La iglesia siempre se interesó en tener recursos apropiados para añadirle sentido a la adoración, el culto, las ceremonias y los ritos cristianos. Estos recursos han sido de ayuda para canalizar de manera creativa, el fervor en la alabanza, a valorar el significado fundamental del culto, y percibir la dimensión trascendente de la vida, por medio de ceremonias y ritos que contribuyen a sobrellevar los grandes desafíos de la vida. El contenido que un Manual Ministerial ofrece está relacionado con la Palabra de Dios, la espiritualidad y el culto cristiano, la herencia recogida a través de los siglos, conectado todo esto con la experiencia de vida de la iglesia actual. Esto ayuda a crear un enlace vital entre lo inmediato del culto, una celebración o ceremonia, con lo que Dios ha estado haciendo y diciendo a todas las generaciones cristianas. A la hora del culto nos unimos a una gran nube de testigos que todavía cantan, hablan y testifican por medio de nosotros. Por eso un Manual es como una canasta llena de cosas buenas y de valor, de donde podemos tomar lo necesario para honrar a Dios. Un Manual Ministerial llena nuestras manos con recursos variados con los cuales podemos darle un mejor significado a todo lo que hacemos cuando ministramos delante del Señor, a favor de otros, o en cualquier actividad pública donde es importante servir y testificar con propiedad.

La iglesia es una comunidad de creyentes que siempre vive abierta al mover del Espíritu. Las iglesias de origen latino, son congregaciones espontáneas, gozosas y abiertas a nuevas experiencias espirituales. La dinámica siempre cambiante en nuestras congregaciones las hace susceptibles a lo nuevo. Estas iglesias creen y afirman la importancia del cambio y la transformación. El culto tiene un significado trascendente y vital. En el culto público se proclama el poder que tiene Dios para cambiar vidas y renovar los corazones. La adoración y la alabanza resuenan con algarabía y a veces con estruendo. Así son nuestras iglesias. Los líderes necesitan recursos que les ayuden a encauzar toda esa vitalidad, y de esa manera permitir que los beneficios de la gracia de Dios sean más permanentes y a la vez mejor entendidos.

Esa es la finalidad de un Manual Ministerial, ayudar al liderazgo de la congregación a liberar todo el potencial que contiene una reunión de la comunidad de fe; donde una sencilla ceremonia para bendecir a una viuda, o consolar a un enfermo, permite que los participantes entiendan la amplia dimensión del amor de Dios, amor expresado en la congregación a través del culto y las ceremonias que se efectúan. Un Manual ayuda en la planificación u organización del culto público; así la celebración adquiere sentido y consigue con mayor propiedad que Jesucristo siga siendo el centro del culto, momento que sirve para proclamar la grandeza del amor de Dios.

El Manual Ministerial ha sido preparado precisamente para ayudar a que la libertad, la inspiración personal y la dependencia del Señor, sean canalizadas en una forma productiva, orientada al bienestar de todos los que concurren a los cultos. Valiosa herramienta es este Manual en manos de un pastor / pastora, o un líder o lideresa de la congregación que aprovecha la experiencia y el conocimiento que se encuentra en este documento, y lo utiliza de manera creativa para mejorar la expresión de la libertad del Espíritu que ha recibido del Señor. De gran ayuda a la inspiración personal es saberse dejar inspirar por lo que Dios le ha concedido a otros.

Aunque la base de este documento descansa en los valores de la fe y tradición anabautista, el contenido refleja diversas tradiciones que provienen de la fe cristiana. Honrar otras tradiciones habla de la deuda que tenemos con todos los cristianos de hoy y de antes, que desde diferentes perspectives han ayudado a afinar los perfiles de la fe, tal como si fueran talladores de un diamante invaluable. Los menonita-anabautistas somos contribuyentes en ese esfuerzo global. Debemos decir que somos conscientes de la tensión positiva entre la esencialidad y particularidad de nuestra herencia de fe anabautista y la deuda siempre válida que nos obliga a reconocer la bendición recibida desde otras confesiones cristianas. Algo que nos llama a la interdependencia y la humildad.

El contenido del Manual cubre diferentes áreas y refleja

la naturaleza de la iglesia, lo que ésta valora y quiere transmitir. Algunas categorías tales como el bautismo, la cena del Señor, la bendición para el que sufre; el apropiado trato al enfermo, acompañar al que llora su luto; la ceremonia para una boda, atar y desatar de acuerdo con Mateo 18 y la ordenación al ministerio, nos ilustran de cómo la tradición anabautista entiende el ministerio de la iglesia y sus líderes, y los valores bíblicos y éticos que los sostienen.

Los recursos relacionados con la alabanza y la adoración, han sido tomados del Himnario Menonita, y traducidos para mantener la unidad de contenido del documento y no están disponibles en español fuera de este Manual. Si estos recursos no le resultan familiares al usuario, tenga la libertad de usar materiales provenientes de otras fuentes, que sean adaptables y acordes con una sana teología del culto y la adoración.

Por último, agradecemos al Liderazgo Ejecutivo de la Iglesia Menonita de los Estados Unidos, por el compromiso e interés a favor de la producción de este valioso aporte a favor de las iglesias latinas. A la Fundación Schowalter por el apoyo financiero para la traducción y publicación de este Manual Ministerial.

Gilberto Flores
Mayo de 2006

Culto y Liturgia

El culto es la ofrenda de amor, alabanza y adoración de la iglesia a Dios. Como la mujer que derramó su perfume fragante sobre la cabeza de Jesús (Mt. 26:6-13), los participantes dan honor a Cristo cuando ofrecen la adoración de sus corazones en respuesta a los abundantes dones de misericordia y gracia que reciben de Dios. En los momentos de culto, el Espíritu Santo inspira, renueva y transforma a los cristianos para vivir y servir en el mundo como pueblo de Dios.

A través de la historia cristiana, el culto de alabanza y adoración de cada domingo ha estado constituido por elementos similares: oración, canto, lectura de la Escritura, predicación o enseñanza, ofrendas, y la celebración de la Cena del Señor. Cuando se recopilaba el *Hymnal: A Worship Book*[3] (el himnario de 1992), miembros del Comité de Alabanza revisaron boletines producidos por las congregaciones de las Iglesias de la Conferencia General Menonita, Menonita, y Hermanos, de Canadá y los Estados Unidos, para descubrir qué elementos de culto se incluían comúnmente y qué orden de culto era el típico. Los resultados de la revisión brindaron un marco para la organización del contenido del himnario.

En forma simplificada, los mecanismos típicos del culto se pueden describir como sigue:

CONVOCACIÓN: Invitación a entrar en la presencia de Dios mediante música preparatoria, un elemento visual, un llamado a la alabanza, una salutación, himnos de convocación, una procesión, o una oración de apertura;

ALABANZA A DIOS: Ofrecer alabanza y adoración por medio de himnos y cantos de alabanza, lectura de las Escrituras (especialmente de los Salmos) u otras lecturas de respuesta, u oraciones;

CONFESIÓN Y RECONCILIACIÓN: Reconocer nuestra necesidad de la gracia y misericordia de Dios por medio de oraciones de confesión cantadas, habladas, o silenciosas; recibir limpieza y perdón por medio de palabras de seguridad, liturgias simples de reconciliación, o cantos celebrando la gracia de Dios;

OFRENDA DE NOSOTROS MISMOS Y DE NUESTROS DONES: Entrega de dones (dinero u otros símbolos) que representan el compromiso de nuestra vida entera puesta al servicio de Cristo mediante la ofrenda de dinero, música, silencio, danza, o procesiones;

ESCUCHAR LA PALABRA DE DIOS: Escuchar lo que Dios tiene para decirnos a través de la lectura de las Escrituras, predicación o enseñanza, drama, danza, música, u otras expresiones de alabanza;

RESPUESTA A LA PALABRA: Afirmar nuestra fe por medio del canto o la palabra hablada, testimonios personales, oraciones de acción de gracias, intercesión y petición, celebración de la comunión (en los domingos cuando se realiza), u otras liturgias de respuesta;

ENVÍO: Recibir una bendición cantada o hablada o una oración de consagración para ministrar en el mundo.

Una base bíblica para estos actos de alabanza y culto puede hallarse en pasajes tales como Isaías 6:1-8, en el que el profeta tiene una visión de la gloria de Dios en el templo. El primer elemento de culto es una respuesta en alabanza y adoración ofrecida a Dios; seguida por un acto de confesión y limpieza; luego la persona que adora se prepara para escuchar la Palabra de Dios nuevamente y para responder en fe y obediencia.

Estos elementos básicos de culto, que pueden ser expresados en una amplia variedad de formas y estilos según la cultura y tradición locales, son la base no sólo del culto semanal sino también de ocasiones litúrgicas tales como bautismo, comunión, bodas, y funerales. En otras palabras, los mismos elementos litúrgicos que se incluyen en un típico culto de domingo también se encontrarán en cultos especiales en otras ocasiones. Un culto de bautismo o de comunión es una extensión del culto ordinario de la congregación y generalmente incluye, por ejemplo, un momento de reunión y envío, como también ofrendas de alabanza, actos de confesión, escuchar la Palabra, y responder a la Palabra.

Para facilitar la planificación del culto en ocasiones litúrgicas especiales, puede ayudarnos la siguiente serie de preguntas:

¿Qué rostro de Dios brilla sobre la congregación en esta ocasión?
¿Qué característica particular de la actividad de Dios ilumina el culto en este día?
¿Qué está haciendo Dios en medio de la liturgia?

> *¿Qué cambio o transformación está ocurriendo en los actores humanos en medio de la liturgia?*
> *¿Qué resultado o consecuencia se espera de la liturgia?*

Por ejemplo, en un funeral, los participantes pueden estar intensamente conscientes de la fidelidad de Dios o de su necesidad de la presencia consoladora de Dios. Desean el apoyo y la seguridad de la presencia amorosa de Dios para poder encarar el futuro con confianza. En una boda, la congregación puede estar especialmente consciente del amor y la gracia de Dios expresados en las relaciones de pacto. Dos personas llegan a ser una al unirse en el amor de Dios y ansían crear un nuevo hogar donde Cristo gobierne y reine. En un culto de bautismo, las personas recuerdan a Dios como el dador de nueva vida, aquel que limpia y perdona, y crea una nueva comunidad. La persona que se bautiza es levantada de muerte a vida, se transforma en miembro de la familia de la fe, y recibe el poder del Espíritu para seguir los pasos de Cristo en el mundo. Si los planificadores y líderes de culto tienen cuidado de identificar el rostro particular o característico de Dios presente en cada liturgia y el cambio que es efectuado, no será difícil encontrar y elegir las lecturas bíblicas y la música apropiadas.

En el culto, las liturgias ofrecen tres dones al pueblo de Dios:

> 1. Ofrecen un marco seguro para el orden y estabilidad en el que algo nuevo ocurre. En una boda, se crea una nueva unión; en el bautismo, emerge un nuevo cristiano o una nueva cristiana; en un funeral, un alma queda libre para entrar en el eterno cuidado de Dios. Por causa de esta función, las liturgias deben incluir un recitado de

las acciones del pasado de un Dios amoroso y fiel, que son la base firme de nuestra esperanza para el futuro. Es también importante que quienes ejercen el liderazgo usen las mismas o similares palabras y frases cada vez que se repite una liturgia a fin de establecer dicho marco de orden y estabilidad.

2. Establecen lazos de amor y unidad entre el pueblo de Dios. Un vibrante sentido de comunidad se nutre y realza cuando la congregación en el culto participa con propósito en las liturgias y se unen a las acciones de Dios.

3. Crean una visión del nuevo futuro de Dios y potencian a las personas para vivir con valor y alegría mientras esperan el cumplimiento del reino de Dios. Hay símbolos apropiados que ayudan a transmitir un sentido de esperanza y expectativa para el futuro.

Las liturgias incluyen normalmente tanto palabras como acciones. En un servicio de ordenación, la lideresa o el líder dice, "Yo te ordeno…," al mismo tiempo imponiendo manos de bendición sobre la persona que es ordenada. Del mismo modo, en un servicio bautismal, él o ella puede decir, "Yo te bautizo…," mientras el agua se derrama sobre la persona o se le sumerge en agua. Un consejo en cuanto a las liturgias dice, "Una buena liturgia no requiere papel". Lo que esto significa es que cuanto más libremente puedan participar el líder y la congregación en las liturgias, su resultado será más poderoso. Puesto que en una liturgia las acciones son esenciales, es importante que cada uno se sienta tan libre como sea posible de unirse en la acción, sin tener que mantenerse con la cabeza inclinada y los ojos pegados a un papel. Por esta razón, los que guían una liturgia harían bien en memorizar las palabras y frases más importantes de las liturgias más frecuentes.

Tres grupos de personas son esenciales en una liturgia: la congregación, sus líderes, y la persona o personas que ocupan el lugar central. El liderazgo cumple una función sacerdotal en la congregación, trayendo a las personas a la presencia de Dios e invocando la bendición de Dios en los actos litúrgicos. La congregación cumple una función esencial al afirmar la bendición de Dios y ofrecer amor y apoyo. Las personas centrales en la liturgia necesitan ser receptivas y abiertas al movimiento del Espíritu de Dios. Por supuesto, el actor más importante en cualquier liturgia es Dios; lo que el actor humano hace es disponerse a ser canal a través del cual la gracia, la sanidad y la bendición de Dios pueden fluir en el culto.

Para indicar el papel de cada uno en el culto hemos empleado simples designaciones "L" (para líder) y "P" (para pueblo) en todas las liturgias.

Adoración Más Allá de las Palabras

Las palabras son vitales en muchos aspectos de la alabanza y la adoración. Dios nos habla por medio de la Biblia y de la Palabra proclamada. Por nuestra parte, nosotros le hablamos a Dios por medio de oraciones e himnos. En el centro de estas actividades está nuestro deseo de encontrar un espacio donde podamos encontrar a Dios, un espacio sagrado. Ese espacio santo, sin embargo, no se limita a la esfera de las palabras. En muchas ocasiones, experimentamos a Dios más allá de las palabras, y podemos responder a esta realidad incluyendo elementos no verbales en nuestro culto.

El culto más allá de las palabras puede tomar muchas formas creativas, tradicionales y modernas, tales como artes, gestos físicos, y silencios. Estos elementos contribuyen para que nos encontremos con Dios en una forma que no puede ser expresada solamente con palabras. Dichos símbolos pueden ser estimulantes y significativos, pero también puede distraer y aun perturbar. Pueden impedir que las personas se encuentren con Dios en lugar de crear un espacio para encontrarlo. Así que al pensar en usar algunos de dichos elementos en el culto, es preciso que examinemos nuestras ideas: Los símbolos que empleamos o pensamos usar ¿son adecuados para el tema de nuestro culto? ¿Caben en el fluir de nuestra alabanza? ¿Son apropiados para el culto público? ¿Nos ayudan a encontrarnos con Dios?

Los Sentidos y el Culto

Es usual que se empleen potentes símbolos físicos para comunicar la presencia de Dios. La comunión y el bautismo, por ejemplo, son ricos en simbolismo; son las señales básicas del evangelio. Todas las otras señales se derivan de las realidades simbolizadas en esas dos ceremonias principales. En el bautismo, usamos agua para representar la limpieza del pecado, la muerte y la resurrección de la persona que es bautizada. En la comunión, usamos el pan y la copa para simbolizar el cuerpo y la sangre de Jesús. En algunas iglesias se usa aceite para ungir a los enfermos y ordenar a los ministros para comunicar la sanidad de Dios y su presencia sustentadora. En todos estos casos, nuestras acciones se combinan con nuestras palabras en una ofrenda de alabanza. Este acto de comunicación obra en dos direcciones, porque al igual que nosotros acudimos a Dios por medios no verbales, Dios también está presente con nosotros de maneras que van más allá de las palabras.

La visión y el olfato son medios poderosos para comunicar una experiencia de Dios más allá de las palabras. Algunas iglesias emplean objetos comunes para representar la presencia de Dios con nosotros. La más básica es la mesa del Señor y el bautisterio. La mesa tiene (o debería tener) un lugar prominente. Un bautisterio construido de manera que sea visible y accesible, donde se practica la inmersión, puede contribuir a que el pacto y la limpieza se vuelvan una parte más real de la vida cultual y permite a las personas nuevas saber de un vistazo en qué se basa esta comunidad. Varios objetos específicos pueden intensificar el encuentro con Dios y con el pueblo de Dios. Una gran piedra puede usarse como memorial una vez al año, como la piedra que Samuel colocó entre Mizpa y Sen llamándola "Eben-ezer" (1 Sam. 7:12). Una mesa, decorada con cuidado, puede realzar el tema del culto. Algunas iglesias emplean estandartes y pendones que cuelgan en las paredes para destacar un tema o una época del año de la iglesia. Otras usan velas o vidrio coloreado para crear un espacio visual sagrado en donde encontrarse con Dios. Estos signos visuales a menudo son muy poderosos cuando no contienen palabras, porque entonces nos abren a la presencia de Dios sin limitarnos a un texto. Los olores también pueden conducirnos al culto. El olor del pan recién horneado, o de un arreglo de flores en un lugar de reunión, puede invitarnos a entrar en la presencia de Dios. Sin embargo, se debe tener cuidad con los olores fuertes, ya que pueden afectar a personas alérgicas.

Podemos usar nuestros cuerpos para expresar nuestra respuesta a Dios. En algunas iglesias las personas se arrodillan o se ponen de pie durante las oraciones o permanecen de pie mientras se lee el evangelio. Otras iglesias invitan a la congregación a pasar al frente para traer sus ofrendas, y aun otras usan movimiento y danza. La expresión de la alabanza con nuestros cuerpos nos lleva más allá de las palabras y nos permite responder a Dios con todo nuestro ser.

Música

En las tradiciones menonitas contamos con una rica herencia musical, y la música es una parte importante del culto para muchas congregaciones menonitas. Gran parte de nuestra teología está expresada en nuestros himnos, y el acto de cantar juntos también afirma nuestra solidaridad como cuerpo de creyentes. Las primeras generaciones anabautistas cantaban al unísono en un estilo que todavía conservan los Amish de hoy. En el siglo XIX, los menonitas organizaban escuelas de canto en las iglesias y adoptaron el estilo de armonía a cuatro voces que hoy es común en muchas iglesias tradicionales. El *Hymnal: A Worship Book* incorpora cantos e himnos de varios países y tradiciones, incluyendo cantos al unísono e himnos a cuatro voces.

La música es el ejemplo más corriente para establecer en nuestro culto un espacio sagrado más allá de las palabras. Junto con el canto congregacional, hay también lugar para música especial ejecutada o cantada por grupos o individuos como una ofrenda a Dios en nombre de la congregación entera. La experiencia de escuchar música instrumental puede también abrir un espacio sin palabras donde encontrar a Dios. El comprensible deseo de las personas de una intensa experiencia de culto algunas veces se transforma en la exigencia de que les haga sentirse bien. Aquí es cuando el culto de alabanza se transforma en un espectáculo. El aplauso (que no es lo mismo que marcar el ritmo de la música) a menudo es mas bien una expresión de sentirse bien que de estar en la presencia de Dios.

Silencio

El silencio ofrece el necesario equilibrio para congregaciones cuyo culto incluye muchas palabras. Puede ser el ambiente más íntimo en el cual encontramos a Dios y, tal vez el elemento más difícil de manejar en el contexto de una congregación. El silencio abre un espacio para que Dios hable a nuestros corazones y para que le escuchemos. El silencio debe introducirse en el culto con cuidado, ya que no todos se sienten cómodos en el mismo. Las niñas. los niños y la gente mayor por igual pueden estar en silencio, pero a menudo primero necesitan comprender por qué no se pronuncian palabras. Con una adecuada introducción, el silencio puede aportar momentos de profunda comunicación con Dios y un espacio abierto en nuestro culto donde el Espíritu de Dios puede moverse. Un momento de silencio fructífero puede ser inmediatamente después del sermón.

La exploración del simbolismo en nuestras actuales formas de culto y la creación de nuevos símbolos y formas para complementarlo puede hacer más profunda nuestra experiencia de Dios y conducirnos a nuevas y ricas dimensiones de culto sin palabras.

La Iglesia en Oración

La vida de Oración del Ministro
En nuestra condición de pastores y pastoras, nuestra propia vida de oración fortalece nuestro ministerio. Nuestra propia relación con Dios proporciona un profundo centro que potencia nuestro ministerio. Cuando somos renovados por corrientes de agua viva en nuestra tarea pastoral y sacerdotal, podemos ofrecer a otros la renovación de Dios.

Tener una vida de oración quiere decir estar alerta al mover de Dios en toda situación, afinar nuestra capacidad de ver a Dios en los gozos y las luchas de nuestra humanidad. Significa estar conscientes de un Dios de amor que se deleita relacionándose con nosotros.

Nuestra relación con Dios se nutre y profundiza cuando nos dedicamos a varias disciplinas de oración, algunas practicadas diariamente, algunas semanalmente, y otras a intervalos periódicos. Estas disciplinas variarán de pastor a pastora y de tiempo en tiempo, dependiendo de nuestra propia personalidad, de la historia de nuestra vida de relación con Dios, de la situación de nuestra familia, y de otros factores.

Nuestra propia disciplina espiritual como ministros y ministras no es lo mismo que estudiar un pasaje bíblico para preparar un sermón, o redactar una oración pastoral para la congregación. Nos acercamos a las Escrituras no para hacer su exégesis o crítica, sino para que la Escritura nos critique a nosotros. Cuando oramos con la Escritura, con nuestra mente nos adentramos en nuestro corazón. Leemos un pasaje lenta y meditativamente. Tal vez esperamos una palabra o frase que nos hable. Tal vez entramos en una escena imaginaria del evangelio, encontramos nuestro lugar en relación con Jesús y dialogamos con él. Después de un tiempo de tener comunión con Dios en la Escritura, podemos ofrecer oraciones de gratitud y confesión. Podemos presentar a Dios nuestras preocupaciones acerca de nuestro trabajo y oraciones de intercesión y discernimiento.

Además de orar por medio de la Escritura, algunos de nosotros oramos mientras caminamos temprano por la mañana o tarde en la noche. Otras oran mediante textos y melodías de himnos favoritos y cantos espirituales (los himnos son expresiones básicas de espiritualidad para muchos menonitas). Y hay quienes leen los clásicos espirituales o siguen manuales de lecturas como *A Guide to Prayer for Ministers and Other Servants*.[4] (Guía de Oración para Ministros y Otros Siervos). Algunas alaban a Dios por medio de una fórmula sencilla de oración matutina o nocturna. Otros sienten la necesidad de un auto examen al final de cada día, para percibir el mover de Dios en su vida, haciéndose preguntas tales como: ¿Qué es lo mejor que me ha pasado en el día de hoy? ¿Y lo peor? ¿Me hace sentir el deseo de dar gracias a Dios, de confesar, de interceder, de buscar discernimiento? Algunas personas llevan un diario de oración donde cada día o periódicamente anotan sus oraciones y reflexiones. Algunas más añaden períodos de ayuno como disciplina espiritual, y otras llevan a cabo un día de retiro por mes y / o un retiro anual más prolongado; es decir, un tiempo apartado de nuestro entorno ministerial y de las demandas de la familia, para pasar más tiempo en oración con el fin de poner a Dios en el centro de nuestra atención.

Muchos ministros y numerosas ministras encuentran que es de ayuda, y hasta esencial, tener a quien dar cuenta de nuestra vida con Dios. Algunos lo hacen compartiendo con un amigo espiritual con quien se reúnen semanalmente o una vez por mes. Con ese mismo fin, otras cuentan con un grupo de colegas en el ministerio. Algunos y lagunas mantienen una relación continuada con un director o directora espiritual o solicitan dirección mientras están en un retiro. Relaciones como ésas nos ayudan a no engañarnos y nos brindan un espacio seguro para compartir nuestras dudas, períodos de sequía espiritual, y confusión.

Como quiera que lo hagamos, la mejor manera de estar seguros de que estamos sirviendo con integridad a nuestro Dios y a nuestra congregación es cultivar nuestra propia vida de oración, y permitir que Dios moldee nuestro ministerio. Los recursos para la oración que se ofrecen a continuación pueden ser usados en privado para la oración individual, como también para el culto público.

Oración Diaria

La oración diaria incluye ocasiones en que en el curso de un día común las personas se reúnen formal o informalmente para orar. La costumbre de orar regularmente en forma privada o pública todos los días viene por lo menos de las prácticas espirituales del judaísmo en el templo y la sinagoga mucho antes de Cristo. Jesús en la iglesia más temprana participó de estos momentos de oración. Más tarde se hizo costumbre para todos los cristianos que podían reunirse en una localidad empezar y terminar el día, juntos en oración.

Durante la Edad Media, esta costumbre se limitó más a las órdenes religiosas y al clero. Pero las oraciones matutinas y vespertinas de las congregaciones fueron parte de la renovación del culto en la Reforma. Como las comunidades menonitas no tuvieron lugares seguros de reunión durante mucho tiempo, estas devociones se llevaban a cabo en el hogar. Desde comienzos de los años 1600, hay colecciones de libros menonitas de oración con oraciones para la mañana y la noche.[5]

Leonard Clock, un ministro y escritor menonita de fines del siglo XVI, escribió que había redactado oraciones para el culto público que proponía fueran también usadas como modelos para la devoción privada. Los recursos ofrecidos en esta sección tienen una finalidad igual. El primer propósito es guiar a grupos de personas que se juntan para la oración matutina y vespertina, para reuniones de oración, retiros, y comités de la iglesia. El segundo propósito es guiar a familias y hogares. El tercer propósito es guiar a individuos en sus devociones. Confiamos que especialmente los ministros, puedan adaptar estos recursos para usarlos en sus varias funciones y necesidades pastorales.

Es inspirador recordar que nunca oramos solos. Esto se puede ilustrar gráficamente si pensamos que cuando nos juntamos a cierta hora del día, otros en nuestra misma zona horaria están haciendo lo mismo. Y cuando concluimos nuestra ofrenda de oración, hay cristianos en la siguiente zona horaria que comienzan la suya.

Cultos de Oración y Recursos

Bosquejo para Oración Diaria

Himno (Una simple vela encendida o un grupo de velas pueden resultar un buen recordatorio de la presencia de Cristo. La luz de la oración matutina y vespertina.)

Respuesta de apertura u oración tradicional matutina o vespertina.

Escritura (un salmo y una lectura del Antiguo o Nuevo Testamento)

Silencio

Breve comentario opcional en cuanto a la lectura por parte del líder, la lideresa y/o de los presentes

Himno

Oración de intercesión (pensando especialmente en la razón por la que están reunidos) puede concluir con el Padre Nuestro.

Envío (ésta y el himno pueden colocarse al final, si a continuación sigue una reunión de asuntos)

Himno

Llos himnos sugeridos provienen del Mennonite Hymnal, usted puede adaptar himnos de himnarios en español.

Culto Matutino de Oración

Himno para la mañana (HWB 644-651)
Respuesta de apertura
    L: Señor, abre mis labios.
    P: Y mi boca proclamará tu alabanza
    L: A ti elevo mi oración, Señor;
    P: Tú escuchas mi voz en la mañana;
    L: a la salida del sol ofrezco mi oración
    P: y espero tu respuesta[6].
Salmo y lectura bíblica
Silencio
Comentario (opcional)
Himno o canto bíblico de respuesta
Intercesiones (oraciones libres y/o silencio luego de cada petición)
    P: Dios de gracia, otórganos tu Espíritu Santo.
        para que podamos orar de acuerdo con tu voluntad.
    L: Por la iglesia en todas partes y por el ministerio que cada uno de nosotros ha recibido de Cristo.
    L: Por esta reunión.
    L: Por paz en el mundo.
    L: Por aquellos que ocupan cargos públicos.
    L: Por el trabajo.
    L: Por los que experimentan pobreza, peligros, aflicción, y sufrimiento.
    L: Por los enemigos.
    L: Por nosotras y nosotros, para que Cristo ocupe el primer lugar en nuestros corazones.
  Todos: Dios Todopoderoso, tú nos has concedido gracia en este momento en que estamos de acuerdo presentándote nuestras súplicas compartidas, y has prometido que por medio de tu bienamado Hijo cuando dos o tres estén reunidos o reunidas

tú escucharás sus peticiones. Responde ahora a nuestros deseos y peticiones en la forma que sea mejor para nosotros, concediéndonos en este mundo conocer tu verdad, y luego la vida eterna, por Cristo Jesús, nuestro Señor. Amén[7].

Envío
L: Este es el día que hizo el Señor.
P: Nos gozaremos y alegraremos en él.
L: Vayan en paz y sirvan al Señor.
P: Buscaremos la paz y la seguiremos.
Todos: Amén[8].

Himno

Un Culto Vespertino de Oraciones Cantadas

Un culto vespertino de oración por medio del canto, de una duración de cuarenta y cinco a sesenta minutos, puede ser apropiado para clausurar una conferencia u otra reunión de la iglesia. Este tipo de culto invita a las personas a dar gracias, ofrecer sus preocupaciones a Dios, y descansar en la seguridad del cuidado de Dios. El siguiente ejemplo se basa en los cultos ecuménicos de oración de la comunidad de Taizé, de Francia.

Reunión
Preludio
Himnos de apertura: (HWB 655), (HWB 5)
Salmo 16 con respuesta cantada: "Aleluya" (HWB 101)
(Dividir el salmo en estrofas y cantar en respuesta "Aleluya" después de cada una) *Oración de apertura*
Silencio

Escuchar la Palabra
Himno de luz con encendido de velas: (HWB 2, Versos 1,2)
Lectura del Antiguo Testamento: Isaías 38:9-20
Himnos: (HWB 497, (HWB 593)
Lectura del Evangelio: Mateo 11:25-30
Silencio
Himno: (HWB 586)

Respuesta en oración
Oraciones de intercesión con respuesta cantada: "Kyrie" (HWB 152)
Padre Nuestro: (HWB 554)
Oraciones alrededor de la cruz y canto (HWB 242)
(Los participantes pueden acercarse a una cruz, o a la Mesa del Señor y arrodillarse para ofrecer oraciones en silencio mientras el resto del grupo canta.)

Envío
Bendición (HWB 772)
Himno de despedida: (HWB 433)

Un Breve Culto de Oración para Reuniones de la Iglesia
Una oración para la mañana o la noche (ya sea al comienzo como al final de la reunión)
Lectura bíblica
Silencio
Oración de intercesión

Oración al Final del Día

Himno (s) (HWB 652-658)
Oración de apertura
  L: El Señor todopoderoso nos conceda una noche tranquila y paz hasta el final.
  P: Amén.
  L: Es bueno dar gracias al Señor,
  P: Cantar alabanzas a tu nombre, Altísimo;
  L: Anunciar tu amor por la mañana,
  P: Tu verdad al fin del día.
Confesión
  L: Confesemos nuestro pecado en la presencia de Dios y de los demás.
Silencio
  P: Confieso que he pecado contra ti en este día. Algunos de mis pecados conozco—los pensamientos y palabras y hechos de los cuales me avergüenzo—pero algunos son conocidos por ti nada más. En el nombre de Jesucristo pido perdón. Líbrame y restáurame para que pueda descansar en paz. En el nombre de Jesús. Amén.
Salmo (Uno de los siguientes es lo tradicional: 4, 33, 34, 91, 134, 136)
Meditación
Himno
Oración de Intercesión (oraciones libres y/o la siguiente)
  L: Señor, tú has sido nuestro refugio por las generaciones.
  P: Sueños y estaciones y naciones pasarán, pero tú permaneces.
  L: Tú eres el guardián del tiempo y la eternidad.
  P: Te ofrecemos ahora el mundo que pusiste a nuestro cuidado y lo ponemos en tus manos esta mañana;

escucha nuestra oración por él.
L: Por todos y todas que trataron de hacer el bien,
(silencio después de cada petición),
que aceptaron sufrir por causa del mal,
que tuvieron que soportar el dolor,
que procuraron la verdad.
P: Señor, oye nuestra oración.
L: Por quienes están solos y solas,
Perdidos y perdidas,
sin paz,
muriendo.
P: Señor, oye nuestra oración.
L: Por quienes gobiernan,
sufren opresión,
dirigen a la iglesia,
tienen niños y niñas a su cuidado.
P: Señor, oye nuestra oración.
L: Por nosotros y nosotras, que no neguemos a Cristo,
que podamos perdonarnos a nosotras mismas y nosotros mismos,
que no dejemos que el sol se oculte sobre nuestra ira,
que podamos vivir creyendo que el mundo está en buenas manos.
P: Señor, oye nuestra oración, en el nombre de Jesús. Amén.

Himno (o una versión hablada o cantada de lo que sigue)

Ahora, Señor, despide a tu siervo en paz, conforme a tu palabra; porque han visto mis ojos tu salvación, la cual has preparado en presencia de todos los pueblos, luz para revelación a los gentiles y gloria de tu pueblo Israel (Lc. 2:29-32)

Bendición
L: Bondadoso Señor, te damos gracias por el día, en especial por lo bueno que se nos ha permitido dar y recibir. El día ya ha pasado y te lo entregamos. Confiamos a ti la noche. Descansamos seguros, porque tú eres nuestra ayuda y nunca descansas ni duermes.
P: Amén.
L: Vayan en paz.

Recursos para Cultos de Oración

Intercesiones (ver también HWB718-722)

L: Guárdanos, Señor, como a la niña de tus ojos.
P: Ocúltanos bajo la sombra de tus alas.

L: Por la paz en el mundo entero, te pedimos, Señor.
P: Señor, ten misericordia. (Puede cantarse como en HWB 380)

L: Por quienes están cansadas, cansados, precupadas, preocupados, deprimidas y deprimidos, te pedimos, Señor,
P: Señor, ten misericordia.

L: Por descanso y nuevo ánimo, te pedimos, Señor
P: Señor, ten misericordia.

L: Guíanos cuando estamos despiertos, Señor, y guárdanos mientras dormimos, que despiertos podamos mantenernos vigilantes con Cristo, y dormidos descansemos en su paz.
P: Amén.

Bendición Vespertina
   L: Bendice, Dios,
   Todos: la luna que está sobre nosotros,
      los amigos que están alrededor de nosotros,
      tu imagen en lo profundo de nosotros,
      el descanso que tenemos por delante. Amén.[9]

Oración de Apertura para la Oración Vespertina
   L: Ven, Señor Jesús, tú también estabas cansado al fin del día; te encontraste con tus amigos y amigas al anochecer.
   Todos: Ven, Señor Jesús, encuéntrate con nosotros aquí.
   L: Ven, Señor Jesús. Tú encendiste la fe cuando las lámparas estaban bajas; abriste las Escrituras, partiste el pan e impartiste tu luz cuando cayó la noche.
   Todos: Ven, Señor Jesús, encuéntrate con nosotros aquí.[10]

Oración de Apertura para la Oración Vespertina, Especialmente en el Hogar
   L: Ven, Señor Jesús, sé nuestro huésped, quédate con nosotros porque el día está acabando. Trae a nuestra casa tu pobreza
   Todos: Porque entonces seremos ricos.
   L: Trae a nuestra casa tu dolor
   Todos: Para que compartiéndolo, podamos también compartir tu gozo.
   L: Trae a nuestra casa tu conocimiento de nosotros
   Todos: Para que podamos ser libres para aprender más de ti.
   L: Trae a nuestra casa a quienes se apresuran a ir hacia ti

Todos: Para que podamos encontrarte como el
    Salvador de todos.
L: Trae a nuestra casa tu Santo Espíritu
Todos: Para que pueda ser un espacio donde more tu
    amor.[11]

Bendición Matutina o Vespertina (Ver también el capítulo titulado **Bendición**)
Padre Dios, reclamamos el don de tu Hijo al partir: paz.
No como el mundo la da, sino solo como él puede darla.
Prepara nuestros corazones para descansar;
    disipa nuestros temores.
Envía al Abogado a morar con nosotros y andar con
    nosotros
hasta que Jesús regrese,
a Aquel que vive y reina contigo
y con el Espíritu Santo,
un Dios por los siglos de los siglos. Amén.

Canto de Alabanza para la Oración Diaria (por Julian de Norwich)
Dios eligió ser nuestra madre en todas las cosas
y por lo tanto preparó el fundamento de su obra
más modesto y más puro, en el
vientre de la Virgen.
Dios, la perfecta sabiduría de todos,
se vistió en ese humilde lugar.
Cristo vino en nuestra pobre carne
a compartir el cuidado de una madre.
Nuestras madres nos dan a luz para sufrir y para morir;
nuestra verdadera madre, Jesús, nos da a luz para gozo
y para vida eterna.
Cristo nos llevó dentro de sí en amor y sufrimiento,
hasta completar el tiempo de su pasión.

Y cuando todo estuvo consumado y así nos había llevado
para nuestro gozo,
todavía esto no satisfizo al poder de su
maravilloso amor.
El verdadero y amoroso Dios redime odo lo que
debemos,
porque el amor de Cristo obra en nosotros;
Cristo es aquel a quien nosotros amamos. Amén.[12]

Oración Matutina de Leonard Clock
Soberano Dios, tú eres nuestro creador y proveedor.
Bajo tu protección hemos sido bendecidos
con otra noche de descanso.
Enséñanos a preguntarnos por qué has creado este día,
Para que podamos emplearlo y todos nuestros días
con cuidado, justicia, y reverencia.
Que tu nombre sea honrado en todo lo que hacemos.
Que tu gracia nos sustente hasta alcanzar la vida eterna.
Permite que tu buen Espíritu nos guíe y que tu ángel
santifique nuestro camino.
Dios, esto te lo pedimos en el nombre de tu amado
Hijo. Amén.[13]

Oración Matutina de Hans de Ries
Dios misericordioso, creador de todo, te damos gracias
por
habernos protegido durante esta noche.
Tú colocas el sol en el cielo para dar luz a la tierra,
disipando el temor
y oscuridad de la noche.
Disipa ahora el temor y la oscuridad de nuestras almas
por medio de Jesús, el Sol de justicia.

Calma nuestra conciencia, quita la ansiedad
de nuestro corazón,
quita de nosotros las obras de la noche y
vístenos con la luz de tu Palabra.
Envía tu Santo Espíritu para guiar nuestro trabajo.
Inspira nuestros pensamientos.
Haz que nuestras palabras sean bondadosas y nuestros
　hechos obedientes.
En este día, guárdanos de pecado, temor y necesidad
y del poder de nuestros enemigos,
tanto visibles como invisibles.
Abre los ojos de nuestro corazón para que te veamos,
en el nombre de Cristo, la estrella que nos guía y
nuestra eterna luz. Amén.[14]

Oración Vespertina de Leonard Clock
Dios Creador, tú has permitido que la luz del cielo
brille sobre nosotros
y nos concediste el día que ha pasado
para que pudiéramos usarlo de acuerdo
con tu voluntad.
Por este bondadoso don te damos gracias.
Dios de compasión, perdónanos las cosas que
hemos dejado sin hacer o hecho en contra
de tu voluntad.
En la noche que tenemos por delante, que tú has
ordenado para nuestro descanso,
defiéndenos del poder de oscuridad.
Permítenos dormir en paz y sin embargo mantenernos
conscientes de tu presencia.
Dios, oramos por todas las necesidades de tus hijos y
　tus hijas,

por sus debilidades y preocupaciones,
por su sufrimiento al testificar de ti.
Oramos por quienes ns persiguen.
Envía obreros y obreras para recoger tu cosecha.
Escucha nuestra petición por quienes gobiernan en todos los países y ciudades.
Escucha nuestro clamor por quienes están en dificultades o tienen temor, y alegra los corazones desolados.
Cuida de nosotras y nosotros para que ninguna de tus criaturas perezca y todas puedan alcanzar la vida eterna.
Esta es nuestra oración,
en el nombre de Jesucristo, nuestro Señor, Amén.[15]

Oración Vespertina de Hans de Ries
Dios eterno, tú has ordenado el día
para trabajar y la noche para descansar.
Guárdanos seguros esta noche del
príncipe de las tinieblas y de la muerte.
Concede que nuestros cuerpos descansen, nuestras almas se mantengan despiertas para ti.
Libéranos de pensamientos que persiguen
y fracasos que no nos dejan en paz.
Otórganos paz para nuestras conciencias.
Perdona nuestros pecados, conocidos y no conocidos, por los méritos de tu Hijo.
Pastor de Israel, que no dormita ni duerme,
protégenos bajo la sombra de tus alas
de los ataques de nuestros enemigos.
Cuando la última noche de nuestra vida llegue,
y no podamos despertar excepto por
la voz de un arcángel,
haz que podamos descansar en ti,
poniendo nuestras almas en tus manos

mientras nuestros cuerpos esperan una gozosa
  resurrección
en el día final.
Eterna gloria sea a Cristo,
quien reina contigo y con el Espíritu Santo
desde la eternidad y hasta la eternidad. Amén.[16]

El Año Eclesial y el Leccionario[17]

Antecedentes

Historia Temprana
La primera celebración que repitió la iglesia fue la reunión de los y las creyentes en el primer día de la semana en conmemoración de la resurrección de Jesús. En una fecha temprana desconocida, la Pascua llegó a ser no solo una celebración semanal sino también anual. El calendario cristiano de celebraciones anuales tiene origen en el judaísmo. Las dos ocasiones más conocidas que pasaron del judaísmo al cristianismo son la Pascua (nuestra Pascua de resurrección) y Pentecostés.

No fue sino hasta el final del siglo III que la iglesia empezó a conmemorar anualmente otros sucesos de la vida de Jesús. Entonces la iglesia se encargó de los ritmos y responsabilidades de los tiempos históricos. Sabía que debía mantener la espiritualidad de sus miembros durante el largo ínterin entre la ascensión de Cristo y su regreso. El año de la iglesia pasó a ser un puente desde los comienzos del evangelio en adelante.

La Costumbre Menonita
En la época de la Reforma, las fiestas de guardar eran más bien barreras en lugar de ventanas a través de las cuales

Cristo pudiera ser visto. Los rituales con que se imitan los eventos de la vida de Jesús a menudo llegaron a reemplazar la obediencia que le es debida. Pilgram Marpeck así lo señala con respecto al Jueves Santo. Sin embargo, Marpeck no quiere decir con esto que los cristianos y las cristianas no deberían celebrar el año de la iglesia, sino que deberían observarlo por amor.[18] Es evidente, sin embargo, que por la influencia de la Reforma, la celebración del año eclesial recibió poca atención en los dos primeros siglos de historia menonita. Las referencias que nos llegan de mediados del siglo XVIII nos dicen que el ciclo desde Adviento a Pentecostés fue celebrado en alguna medida. El Viernes Santo se transformó en el favorito para la comunión, y en algunos círculos, Pentecostés llegó a ser el día para los bautismos. La víspera y el día de Año Nuevo y también el Día de Acción de Gracias fueron ampliamente celebrados, pero en menor medida el Domingo de la Eternidad—es decir, el día de los difuntos. En el siglo XX se añadieron el Domingo de la Paz y celebraciones como el Día de la Madre.

Evolución del Ciclo desde Adviento hasta Pentecostés
Poco a poco la Pascua evolucionó hasta llegar a ser una época breve de preparación que culminaba en la conmemoración de la muerte de Jesús y luego su resurrección. Del diario de una mujer cristiana de nombre Egeria sabemos cómo se celebraba esta fiesta en Jerusalén, alrededor del A.D. 385. Ella describe la repetición de los acontecimientos de aquella funesta semana de la vida de Jesús. Empezaba con una procesión de palmas y olivos desde Betania hasta Jerusalén el domingo antes de la Pascua. El jueves de noche, se celebraba la Cena del Señor. Y el Viernes Santo, las tres horas de la crucifixión de Jesús se pasaban en el lugar del calvario.

Los historiadores discuten sobre cómo continuó la evolución. Sin embargo, es claro que los sucesos de la vida de Jesús gradualmente adquirieron un segundo nivel de significación. Puesto que la Pascua llegó a ser una fecha en que comúnmente se celebraban bautismos, el período anterior a la Pascua era el tiempo de preparación de los candidatos. En pocas palabras, después de siglos de ceremonias diversas, la mayor parte de la iglesia occidental fijó un período de cuarenta días antes de la Pascua imitando los cuarenta días de Jesús en el desierto. Por algunos siglos así se preparaba a los candidatos al bautismo. Durante las semanas previas a la Pascua, se llevaban a cabo sus confesiones y exorcismos. Cuando el bautismo infantil reemplazó al bautismo de creyentes, este período penitencial de preparación llamado cuaresma fue adoptado por toda la iglesia.

La siguiente celebración anual que se desarrolló fue la Navidad. Se celebraba el 6 de enero en el Oriente y el 25 de diciembre en Occidente. Enormes variaciones ocurrieron en la celebración de este acontecimiento. De nuevo, se sintió la necesidad de prepararse para la ocasión. Por lo tanto períodos de tres a seis semanas llegaron a ser lo que llamamos Adviento. En muchos casos, el Adviento tenía dos significados. En un sentido era penitencial, parecido al tiempo de Cuaresma. Pero también era de expectativa y alegría porque añadía la certidumbre de que la primera venida de Jesús era una promesa de su segunda venida. Este doble carácter del Adviento expresaba la tensión en la cual la iglesia siempre vive. Necesita aceptar la historia, y a la vez está inquieta en cuanto a ese reino que radica más allá del fin de los tiempos.

El 6 de enero fue llamado Epifanía, es decir, aparición. Dos tradiciones han continuado a través de los siglos. Una celebra la llegada de los magos. La segunda tradición, a la cual los estudiosos de la liturgia asignan antecedentes teológicos y bíblicos, enfoca la aparición de Jesús no como niño sino como un adulto, cuando el Espíritu descendió sobre él en su bautismo.

Pentecostés tiene un sitio en el calendario cristiano porque fue el día en que las judías y los judíos de Jerusalén, que habían aceptado a Jesús como el Mesías, recibieron el Espíritu Santo. También llamado Miércoles de Ceniza, Pentecostés tuvo un lugar estable en la celebración de la iglesia al comienzo de la Edad Media. Sabemos esto porque fue la fecha alternativa a la Pascua para el bautismo. Paralelamente llegó la celebración del Día de la Ascensión diez días antes. Pentecostés es el clímax de la historia de salvación de la iglesia. Casi de manera subconsciente, la celebración de Pentecostés mantuvo viva la afirmación de que la experiencia de Jesús es tan posible para cada generación subsiguiente como lo fue para quienes lo conocieron en Galilea. Pentecostés es la afirmación de que el tiempo no es una limitación para encontrarse con Cristo.

Leccionario

El empleo de la Escritura para recorrer los acontecimientos de la vida de Jesús inspiró la creación de leccionarios. Un leccionario es simplemente una selección de lecturas para ser usadas por su orden durante el año eclesial. Su intención es presentar todos los aspectos y libros de la Escritura y subrayar los grandes eventos y fiestas de guardar de la iglesia. Algunas comunidades menonitas usaron un leccionario completo en los siglos XVIII y XIX. Fue usual que tomaran temas de las distintas épocas y usaran muchos de los textos que se encuentran en los leccionarios, pero se resistieron a decretar su uso.

El *Revised Common Lectionary* (Leccionario Común Revisado), constituye un intento de integrar el ciclo de tres años de la Iglesia Católica y todos los que del mismo se derivan en un solo leccionario coherente para los cristianos de habla inglesa. La amplia aceptación de dicho leccionario está creando una armonía en cuanto al culto cristiano nunca vista desde antes de la Reforma.

Consideraciones Pastorales

Cada época y sus lecturas tienen su tema central. Tomemos, por ejemplo, la Cuaresma, y examinemos las posibilidades pastorales que ofrece. El tema de la Cuaresma es el arrepentimiento. En el ministerio de Jesús, al aproximarse el momento de la cruz, quienes lo seguían escucharon el llamado a negarse a sí mismos y sufrir con Jesús. Así como lo fue el ministerio de Jesús, nuestra representación del mismo es un llamado a las personas que nunca han aceptado a Cristo. La Cuaresma es una época en la cual la predicación que evangeliza es ineludible. Los temas de la Cuaresma proporcionan un marco bíblico y espiritual para presentar a Cristo. La Cuaresma es también una época significativa para alentar y profundizar las actividades en torno a la justicia social. Esa dimensión de la misión es natural en esta época porque el sufrimiento de Jesús es un acto de solidaridad con una raza humana oprimida.

Resumen

Puesto que creemos que Dios se revela por medio de los acontecimientos pasados, podemos recuperar el significado de esos acontecimientos celebrándolos en nuestra vida actual. Sabemos durante todo el año que Cristo resucitó, pero su conmemoración en un día especial y de una manera especial nos sensibiliza y nos permite participar emotivamente en el acto de Dios. El acto de salvación de Dios en un tiempo y lugar definidos se experimenta en el culto para traer al presente el don de Dios del pasado. Volvemos a experimentar los actos concretos de la gracia de Dios, que dan significado fundamental a la vida, y nosotros respondemos a aquellos actos pasados en el momento presente.

El año eclesial, con su enfoque en el día semanal del Señor y en las épocas y festividades anuales, es el producto gradual de las experiencias y necesidades de los cristianos a través de los siglos. Proporciona un sentido de profundidad histórica para la vida de la iglesia porque nos retrotrae a la misma vida y enseñanzas de Jesús y otorga al culto un carácter positivamente cristiano. Nos protege de los temas seculares y sociales que enfatizan las acciones de la humanidad en lugar de los actos de Dios. En nuestros actos de recordación, la obra de Dios en la historia se hace viva y nos renueva con una vitalidad que nunca puede agotarse.

Bautismo y Membresía de la Iglesia

Fundamentos Bíblicos

Como un acto de alabanza y devoción, el bautismo está firmemente enraizado en la Biblia. En el Antiguo Testamento, el lavamiento ritual se practicaba comúnmente para simbolizar la limpieza del pecado y el deseo de caminar con Dios. Esta tradición fue el antecedente del concepto y la práctica del bautismo en el Nuevo Testamento. Juan el Bautista le adjudicó un importante significado ético y lo asoció con su proclamación de la venida del reino de Dios (Mt. 3:2,8). Juan bautizó a Jesús como una forma de ordenación para la misión de Dios y para identificarlo con su pueblo. Desde el día de Pentecostés, la primera iglesia practicó el bautismo como símbolo de entrada en la comunidad cristiana (Hechos 2:38, 41). Estaba íntimamente ligado al arrepentimiento y a recibir el Espíritu Santo.

La Biblia presenta el bautismo desde numerosas perspectivas:

1. En el bautismo, participamos con Jesús en su muerte, su sepultura y su resurrección. (Rom. 6:1-4)
2. En el bautismo, un creyente se hace parte de la comunidad cristiana que testifica, el cuerpo de Cristo (1 Cor. 12:12,13)

3. En el bautismo, nacemos de nuevo por el agua y por el Espíritu. (Jn. 3:5)

4. En el bautismo, somos vestidos con Cristo con nuevas ropas, para simbolizar una nueva creación a fin de que toda división humana sea superada. (Gál. 3:26-29; Ef. 4:5)

5. En el bautismo, morimos al pecado y renacemos a una nueva vida por medio de nuestra unión con Cristo. (Col. 2:9-15).

6. El bautismo viene después del arrepentimiento y denota una efusión del Espíritu Santo. (Hechos 2:38)

7. El bautismo da testimonio del poder transformador del Espíritu Santo en la vida del creyente. (Rom. 12:2)

8. El bautismo no es un medio de salvación. (2 Cor. 10:2)

Fundamentos Teológicos

El bautismo celebra el acto de redención de Dios en el creyente. Es una señal externa y visible de una transformación espiritual interna hecha posible por medio del Cristo resucitado. De acuerdo con el Artículo 11 de la *Confesión de Fe en una Perspectiva Menonita*,[19] el bautismo es una señal ofrecida en público de que el creyente ha recibido el mensaje del evangelio, se ha arrepentido del pecado, y sinceramente desea crecer en la fe y seguir a Cristo en la vida diaria. El bautismo no es en sí mismo un acto salvador, sino que da testimonio de la actividad salvadora de Dios en el creyente.

Aunque la decisión de seguir a Jesús y recibir el bautismo es personal, el bautismo no es un acto privado. La fe viva del individuo se expresa en el contexto de la comunidad de fe, donde será nutrida, y recibirá afirmación, disciplina y misión. El bautismo y la membresía de la iglesia son inseparables. El bautismo incorpora al creyente en la comunidad de ciudadanos del reino—la iglesia—ante la cual es responsable y se hace responsable por otros en asuntos de fe y vida.

Los párvulos y los niños y niñas no necesitan el bautismo ya que creemos que ellos y ellas están a salvo por la gracia de Dios hasta el momento en que sean plenamente responsables de sus propios actos. En las comunidades anabautistas se sostenía que la expiación de Cristo preserva a los niños de ser juzgados durante la edad de la inocencia. Aunque haya constante tentación de solicitar el bautismo porque las personas de la misma edad son bautizadas o para cumplir el deseo de los padres, o porque es lo que se hace a cierta edad, no se debe permitir que estos factores apresuren o posterguen la decisión. El pedido del bautismo debe venir a consecuencia de la confesión personal de pecado, de haber experimentado la gracia y el perdón (lo que a veces ocurre a partir de una crisis, y otras veces gradualmente) y de un compromiso con Jesucristo y con una congregación.

Es de la mayor importancia que la naturaleza de la iniciativa de Dios y de nuestra respuesta sea aclarada a los candidatos al bautismo. Lo primero para llegar a ser una nueva creación es la experiencia de la gracia. Por medio de la obra de Cristo y del poder del Espíritu Santo, Dios viene a nosotros, liberándonos de pecado para ser obedientes. El bautismo no es la culminación sino el comienzo del camino de un cristiano con Dios y la iglesia. Se ofrece a pecadores y pecadoras cuyos corazones se han decidido por Cristo. No se reserva a personas que ya han llegado a la madurez de la fe; es para personas que han venido a Cristo y quieren vivir por él. Por nuestros propios medios no podemos vivir una vida de amor. Dios la produce en nosotros por medio del Espíritu morando en nosotros, y mediante el consejo que hermanas y hermanos se dan mutuamente. La obediencia de fe es un proceso de toda la vida sustentado por la oración comunitaria e individual, el estudio de la Biblia, y el compromiso con el mundo.

Fundamentos Históricos

El bautismo en la iglesia primitiva fue el resultado de un compromiso maduro de parte de quien lo recibía. Sólo los creyentes conscientes de la importancia de su decisión entraban en el mismo. Aunque hay algunas referencias al bautismo de familias enteras (por ej., Hechos 16:33) que sugiere que los hijos pequeños pueden haber recibido el bautismo, una asombrosa cantidad de testimonios del Nuevo Testamento indica que el bautismo era el resultado de compromisos maduros de creyentes conscientes de su pecado que se habían comprometido a seguir a Jesucristo.

El bautismo tuvo tres significados para las primeras comunidades anabautistas:

    1. El bautismo de agua, que es una representación externa de limpieza interior y del bautismo del Espíritu.
    2. El bautismo del Espíritu, que potencia al creyente para la vida diaria.
    3. El bautismo de sangre, que es una expresión de estar dispuestos a sufrir y soportar persecución por Cristo.[20]

La Confesión de Fe de Schleitheim de 1527 declara el siguiente consenso sobre el bautismo: "El bautismo será administrado a quienes han experimentado arrepentimiento y enmienda de vida, que creen que sus pecados han sido limpiados por Cristo, a quienes andan en la resurrección de Jesucristo y que desean ser sepultados con Él a muerte para que con Él puedan resucitar, a quienes lo piden con este sentido y que por ellos mismos nos solicitan que los bauticemos".[21]

Consideraciones Prácticas

Aunque la práctica del bautismo varía de iglesia en iglesia, hay características que son esenciales. El bautismo en la iglesia menonita es realizado correctamente cuando:

- Es presidido por alguna persona en quien la congregación confía y a quien reconoce como líder.
- Es realizado en el contexto de una comunidad de creyentes reunidos y reunidas.
- Le antecede una preparación por la cual la persona recibe instrucción en cuanto a la fe cristiana.
- Celebra el compromiso personal y puede incluir un testimonio del creyente en cuando a su relación con Jesucristo.
- Incluye membresía en la congregación local.
- Reconoce la responsabilidad mutua de los creyentes y las creyentes entre sí.
- Usa agua como símbolo de limpieza de pecado, sepultura y resurrección con Cristo (la forma en que se efectúa – derramando agua, por aspersión, o por inmersión— es secundaria en importancia en relación con el contenido teológico).
- Las palabras pronunciadas en este acto de devoción incluyen confesión de pecado, una declaración de compromiso con Cristo, la realización de un pacto con el pueblo de Dios, y la fórmula trinitaria.

- Puede incluir testigos (anciano / diácono, padres, mentores, esposo/a).
- Culmina con la Cena del Señor.

La preparación para el bautismo comienza mucho antes del día en que se lleva a cabo.[22] Hay numerosas guías para iniciar a nuevos cristianos que contienen instrucciones y actividades para los candidatos, las candidatas y la congregación hasta el día y después del día del bautismo. Desde el principio, el testimonio de cada creyente en cuanto a su experiencia de la gracia y su deseo de vivir en esa gracia en compañía de la congregación ha sido parte integral de la práctica del bautismo. A menudo se fundamenta en la promesa de Jesús de que a todo aquel que lo confiese delante de los demás, Jesús lo confesará delante de Dios. (Mt. 10:32-33). Más recientemente, el testimonio se ofrece a menudo inmediatamente antes del bautismo. Al principio la costumbre era que la congregación se reuniera con el candidato o la candidata una semana antes para poder hacerle preguntas y ofrecerle su apoyo. En algunas áreas, dos testigos daban testimonio de la fe del candidato. Una versión contemporánea de esta costumbre es asignar el papel de testigo al mentor o mentora del candidato o la candidata.

Elementos de la Ceremonia

El significado completo del bautismo es expresado en un culto público que incluye predicación y culmina con la Cena del Señor. Excepto por causas justificadas, el bautismo debe realizarse en el contexto del culto normal de la congregación. En el bautismo por derramamiento de agua, la ministra o el ministro vierte un poco de agua sobre la cabeza de quien se bautiza, tomándola en las manos de un recipiente, o el diácono o diaconisa pone agua de un jarro en las manos del pastor o pastora sobre la cabeza del bautizando. En el bautismo por aspersión, la pastora o el pastor sumerge los dedos en un recipiente con agua y la salpica sobre la cabeza quien se bautiza una o tres veces. En el bautismo por inmersión, el candidato o candidata es sumergido completamente en el agua por el pastor o la pastora, generalmente llevándolo hacia atrás una sola vez. La diaconisa o el diácono está también en el agua para sostener al bautizando. Si la modalidad de bautismo escogida es por inmersión y la iglesia no cuenta con un bautisterio, se puede arreglar otro espacio donde no haya distracciones, a fin de que las personas puedan concentrarse y mostrar reverencia, lo cual es esencial para una ceremonia significativa. Si el bautismo no se realiza en el lugar acostumbrado de reunión, es importante que toda la congregación esté presente. Cualquiera sea el arreglo, es importante que los principales participantes hayan hecho un ensayo.

A fin de ratificar maneras amplias de describir a Dios, algunas personas están a favor de reemplazar la fórmula Padre, Hijo, Espíritu por otros términos bíblicos empleados para hablar de Dios. Aunque la fórmula de Mateo 28 es la más apreciada para el bautismo, el Nuevo Testamento contiene varias otras enunciaciones. Uno de los cultos que se incluyen en este libro ofrece fórmulas alternativas. Sin embargo, existe la convicción en toda la gama de denominaciones de que la fórmula trinitaria histórica es irremplazable.[23] Algunos llegan a asegurar que un bautismo sin esta fórmula no es válido. Esto significa a juicio de aquellos que asumen esta postura, que alguien bautizado sin la fórmula Padre, Hijo, Espíritu podría no ser recibido en otra comunidad cristiana.

Himnos:
- HWB 436
- HWB 437
- HWB 438
- HWB 439
- HWB 440
- HWB 441
- HWB 442
- HWB 443
- HWB 444
- HWB 445
- HWB 446
- HWB 447
- HWB 448

Usted puede escoger los himnos de un himnario en español, acorde con la ceremonia.

Pasajes bíblicos:

Mateo 28:19-20	Juan 3	Romanos 6:1-4
Marcos 10:38	Juan 4:1	Gálatas 3:2-7
Lucas 12:50	Hechos 2:38-39	1 Juan 5:7-8

Ayuda visual:
Si el bautismo se realiza por derramamiento o salpicando, colocar una jarra o un recipiente de vidrio transparente con agua sobre una mesa al frente del santuario donde pueda ser vista por todos. Piense en la posibilidad de crear una bandera o estandarte (de retazos de tela, pintado, bordado, etc.) que pueda ser desplegado en cada bautismo. Los colores adecuados para el bautismo son azul y plateado (agua) rojo (fuego, sangre de Cristo), blanco (pureza). Los candidatos podrían traer una vela blanca.

Ha sido práctica común entre las comunidades menonitas concluir la ceremonia del bautismo con una oración de bendición, a veces invocando al Espíritu Santo sobre cada candidato. 1 Tesalonicenses 5:23-24 es una forma simple y difundida ampliamente de esta bendición. El envío de nuevos creyentes y nuevas creyentes al ministerio es una ampliación de este acto. Gran cantidad de costumbres, algunas que datan de los primeros tiempos del cristianismo, han perdurado. Cuando tienen que ver con el significado del evento, añaden sentido al mismo. Por ejemplo, en algunos círculos se pide a los candidatos que se vistan de blanco como una señal de que han sido revestidos de la justicia de Cristo. En otros círculos, es costumbre elegir un versículo de la Escritura para cada candidato e incluirlo al recibir al nuevo miembro en la congregación. El acto de recepción casi siempre finaliza con un gesto de bienvenida, como por ejemplo el beso santo y/o el apretón de manos fraternal.

La Ceremonia del Bautismo

Comentarios iniciales

Jesús dijo, "Toda potestad me es dada en el cielo y en la tierra. Por tanto, id y haced discípulos a todas las naciones, bautizándolos en el nombre del Padre, del Hijo y del Espíritu Santo, y enseñándoles que guarden todas las cosas que os he mandado. Y yo estoy con vosotros todos los días, hasta el fin del mundo" (Mt. 28:18-20).

Por causa del mandamiento de Jesús y su promesa es que estamos hoy aquí. Por esta razón las personas establecen el pacto del bautismo con Dios y con la iglesia. Nosotros somos testigos y les acompañamos en su decisión.

El bautismo es un acto de Dios, de la iglesia, y del creyente. En el bautismo, Dios nos da una buena conciencia y el sello del Espíritu Santo. El bautismo representa lo que Dios ha efectuado en nosotros y nosotras: nos ha hecho morir al pecado y vivir en Cristo. Como acto de la iglesia, el bautismo da testimonio de la fe del creyente y afirma la obra de la gracia en su vida. Como un acto del individuo, el bautismo representa la renuncia a su antigua naturaleza y su adopción de una nueva naturaleza, nacida a la imagen de Cristo.

Preguntas

_____, ¿renuncias a los poderes malignos de este mundo y aceptas a Jesucristo como tu salvador? ¿Pones tu confianza en su gracia y amor y prometes obedecerle como tu Señor?
Respuesta: Sí.

¿Crees en Dios, el Padre Todopoderoso, creador del cielo y de la tierra, en Jesucristo, Hijo de Dios, nuestro Señor; y en el Espíritu Santo, el dador de vida?
Respuesta: Sí, creo.

¿Aceptas la Palabra de Dios como guía y autoridad para tu vida?
Respuesta: Sí, acepto.

¿Estás dispuesto a dar y recibir consejo en la congregación?
Respuesta: Sí, lo estoy.

¿Estás dispuesto a participar en la misión de la iglesia?
Respuesta: Sí, lo estoy.

Palabras a cada candidata y candidato (afirmación de dones, expresión de esperanza)

Bautismo
Sobre la base de tu confesión de fe en Jesucristo *[derramar o salpicar el agua, o sumergir a la persona]*
Yo te bautizo con agua en el nombre del Padre, del Hijo, y del Espíritu Santo.
Dios te bautice con el Espíritu Santo de lo alto. Amén.

Dios Todopoderoso, concede a _____
la plenitud del Espíritu Santo:
un corazón limpio, un espíritu recto, el gozo de la salvación.
Haz de él / ella una persona en quien se pueda ver a Cristo vivo otra vez.
Libera en él /ella los dones que le otorgaste en la creación y redimiste en Cristo.
_____, que el Dios de paz te santifique enteramente.
Que tu espíritu, alma y cuerpo sean guardados íntegros y sin culpa hasta la venida de
nuestro Señor Jesucristo.
Aquel que te llama es fiel y lo hará.
Amén.

Recepción
_____, en el nombre de Cristo y de la iglesia,
te doy mi mano y te invito a levantarte y caminar en novedad de vida
por el mismo poder que levantó a Cristo de los muertos.
Mientras habites en su Palabra, tú eres discípulo/a de Cristo ciertamente

y serás recibido/a como hermano/a en la iglesia.
[Se da un versículo bautismal a cada candidato]
Has confesado tu fe en Jesucristo
y has ofrecido acompañarnos en obediencia a él.
Dios te bendiga y haga de ti una bendición en nuestro medio.
La paz de Cristo sea contigo. (*beso de paz o apretón de manos fraternal*)

Respuesta Congregacional
Te damos la bienvenida, _____,
como hermano / hermana, en esta congregación.
Nos unimos a ti para acompañarnos mutuamente en el seguimiento de Cristo,
    para ayudarnos unos a otros a llevar nuestras cargas,
    y para compartir nuestros dones con el mundo.

Otras Preguntas Bautismales

(a)
¿Te arrepientes de tus pecados?
Respuesta: Sí.

¿Crees en Dios, el Padre, en Jesucristo, el Hijo, y en el Espíritu Santo, Dador de Vida?
Respuesta: Sí, creo.

¿Prometes, por la gracia de Dios, seguir a Jesús, el Cordero, todos los días de tu vida, dispuesto/a a amar a tus enemigos y a no devolver mal por mal?
Respuesta: Sí, prometo.

¿Aceptas el estilo de vida enunciado en nuestra confesión de fe?
Respuesta: Sí, acepto.[24]

(b)
Para que esta congregación escuche, permíteme que te pida, en el nombre del Señor y de su iglesia, que compartas tu fe públicamente:
En presencia de Dios y de esta asamblea, ¿renuncias solemnemente al Diablo y a todas sus obras y declaras que el Señor es tu Dios?
Respuesta: Sí.

¿Confiesas que el Señor Jesucristo es tu Redentor, confiando sólo en los méritos de su muerte y resurrección para el perdón de tus pecados, la santificación de tu naturaleza caída pero ahora redimida, la resurrección de tu cuerpo, y la salvación eterna en el cielo?
Respuesta: Sí.

¿Te comprometes solemnemente a seguir y servir a Cristo, y, por el poder del Espíritu Santo, a rechazar el pecado, procurar comunión con Dios, y permanecer en su Palabra?
Respuesta: Sí.

Dios confirme este compromiso y te otorgue su gracia para mantenerte firme en fe y amor.[25]

(c) *(Para situaciones en que se requiere un diálogo muy sencillo)*

¿Crees que Jesús te ama?
Respuesta: Sí, creo.

¿Crees que Jesús te perdona todos tus pecados?
Respuesta: Sí, creo.

¿Amas a Jesús y quieres vivir de acuerdo con sus enseñanzas?
Respuesta: Sí.

¿Quieres ser miembro de esta iglesia?
Respuesta: Sí, quiero.

Otras Fórmulas Bautismales

(a)
Sobre la base de tu confesión de fe, yo te bautizo con agua en el nombre de Dios el Creador, Redentor y Sustentador. Dios te bautice con el Espíritu Santo.

(b)
Sobre la base de tu confesión de fe, yo te bautizo en el nombre de Dios, en el nombre de Cristo Jesús, y en el nombre del Espíritu Santo, la bendita Trinidad.

Otras Oraciones de Bendición
Al final del Bautismo

(a)
Dios Todopoderoso,
    te damos gracias porque en el principio
    tu Espíritu se movía sobre la faz de las aguas
    y tú dijiste, "Sea la luz".

Te damos gracias porque tú guiaste a tu pueblo
 atravesando las aguas del Mar Rojo,
  para salir de la esclavitud, y entrar en la libertad
  de la Tierra Prometida.
Te damos gracias por tu Hijo, Jesucristo,
 que fue bautizado en el río Jordán.
Te agradecemos que él atravesó las
 profundas aguas de la muerte en la cruz
 y que fue levantado a la vida triunfalmente.
Envíanos a tu Santo Espíritu,
 para que este bautismo refleje en tus siervos
 su unión con Cristo en su muerte y resurrección,
 y que, como Cristo fue levantado de la muerte
  por medio de la gloria del Padre, ellos también
  puedan vivir vidas nuevas.
Envía tu Espíritu Santo de nuevo sobre ellos
 para que puedan integrarse en la fraternidad
  del cuerpo de Cristo
 y puedan crecer en la semejanza de Cristo.
Escúchanos, en su nombre. Amén.[26]

(b)
Dios, creador de todas las cosas visibles e invisibles,
 por el don de la vida de _____, y por tu
 presencia salvífica en ella,
 te damos gracias.
  Hazte presente en las pruebas y alegrías de su vida
  Para que él / ella pueda confiar siempre en tu amor.
Jesús, imagen perfecta de Dios y perfecta imagen
 de la humanidad,
 por tu vida de fidelidad damos gracias.
  Guía a _____, para que él / ella siempre
  pueda confiar en tu gracia.

Espíritu Santo, sustentador y maestro,
   por tu energía que se mueve en _____,
te damos gracias.
Dale fortaleza para que siempre pueda
confiar en tus promesas. Amén.[27]

(c)
De acuerdo con una antigua costumbre de la iglesia, vamos ahora a comisionar a aquellos y aquellas que han sido bautizados y bautizadas, para ministrar como sacerdotes y siervos de Jesucristo. Que nosotros, los miembros de esta congregación, nos unamos con ellos y ellas y renovemos nuestro compromiso y dedicación al ministerio de servicio de Cristo.

Vosotros sois linaje escogido, real sacerdocio, nación santa, pueblo adquirido por Dios, para que anunciéis las virtudes de aquel que os llamó de las tinieblas a su luz admirable. (1 Ped.2:9)

(Quienes han sido bautizados se arrodillan delante de la mesa, mientras el ministro o la ministra impone sus manos sobre ellos y ellas y ora libremente o con las siguientes palabras:)

Padre Eterno, haz que tu Espíritu venga sobre estos siervos tuyos para confirmar su ministerio para con la iglesia y el mundo. Haz que que tu amor los llene para que mediante su vida en el mundo, el mundo pueda conocer el amor de Cristo. Amén.

(Los nuevos comisionados y las nuevas comisionadas se ponen de pie y el ministro o la ministra dice:)

Ustedes ya no son extranjeros, extranjeras ni forasteros, sino miembros de la familia de Dios. En nombre de esta congregación, les doy la bienvenida. Que la paz de Dios vaya con ustedes siempre. Amén.[28]

Otras Palabras de Bienvenida

(a)
Los hermanos y hermanas del cuerpo de Cristo y
 miembros de esta congregación,
 te recibimos, _____, como
 hermano/a en la iglesia de Cristo.
Damos testimonio del trabajo del Espíritu Santo que
 te ha guiado hasta Jesús tu Salvador
 y a Dios, fuente de tu vida.
Prometemos alentarte en tu fe,
 regocijarnos contigo en tus alegrías,
 apoyarte en tus sufrimientos,
 guiarte en tu confusión,
 escuchar la palabra que Dios habla por tu intermedio,
 y convocar los dones que el Espíritu Santo está
 creando en ti.
Damos gracias a Dios por tu presencia en el
 cuerpo de Cristo,
 y pedimos la bendición de Dios en ti todos los
 días de tu vida.[29]

(b)
Levántate, brilla, porque tu luz ha venido
 y la gloria del Señor está sobre ti.
Levántate en el nombre del Señor Jesucristo;
 sé firme en el camino que te ha puesto por delante.
Te extiendo mi mano de compañerismo:
 Bienvenido/a a la iglesia de Jesucristo.

(c)
En el nombre de Cristo y de la iglesia,
 te extiendo la mano derecha de la fraternidad
 y te recibo, _____, como
 hermano / hermana en la iglesia de Cristo.

Transferencia de Membresía

A medida que nuevas personas se sienten atraídas a la vida de devoción, compañerismo, y servicio de la congregación, es conveniente ofrecer oportunidades para que sean recibidos formalmente como miembros. La mayoría de las congregaciones menonitas recibirán miembros de otras congregaciones menonitas y denominaciones cristianas por carta de transferencia o sobre la base de la reafirmación de su compromiso de fe.

Es importante permitir que las personas decidan libremente la transferencia de membresía. Al mismo tiempo, la congregación puede crear un ambiente de bienvenida que invite a hacerlo. Puede ser de mucha utilidad ofrecer clases para nuevos asistentes, cursos para renovación de la fe, invitaciones por medio del boletín de la iglesia, y palabras alentadoras de los miembros de la iglesia y del pastor o la pastora.

Cuando una persona está dispuesta a unirse a la congregación, podrían darse los siguientes pasos como parte del proceso de transferencia:

1. La persona que solicita transferencia pide carta de transferencia y / o recomendación de su anterior congregación.

2. La congregación que la recibe puede solicitar una clara reafirmación pública de fe.

3. La pastora o el pastor de la congregación receptora comparte con la congregación y su liderazgo los nombres de posibles miembros.

4. Las personas que fueron bautizadas en su niñez en otra tradición cristiana deben invitarse a bautizarse sobre la base de su fe presente, en especial si el

bautismo infantil no tuvo un seguimiento que nutriera al individuo para madurar en su fe. Sin embargo, no se debe permitir que la insistencia en un bautismo de creyentes empañe el deseo del individuo de buscar una membresía significante. El énfasis debe estar en la confesión y testimonio de vida del creyente y la denominación a la cual el creyente pertenecía que en el acto mismo del bautismo.

Renovación del Pacto

Hay ocasiones en que la membresía de la iglesia pierde significado. Los miembros pueden volverse inactivos y dejar de participar en la congregación. Algunas veces el compromiso original del creyente careció de profundidad; en otras ocasiones hubo una seria herida que tuvo como resultado el alejamiento; otras veces la iglesia fracasó en su intento de discipular a sus miembros para rescatarlos. Si hemos intentado atender con sensibilidad las ofensas, heridas, necesidades, y preocupaciones de las personas, debemos respetar su decisión de terminar su asociación con la iglesia y con cortesía dejarlos libres.

Para quienes continúen con su membresía y participación, es conveniente proporcionarles oportunidades periódicas para celebrar y renovar el pacto de membresía. Esto puede realizarse de varias maneras: (1) mediante un culto de renovación de pacto incluyendo una reafirmación de los votos bautismales; (2) dedicando un culto de comunión por año a compartir, celebrar, y renovar compromisos; o (3) dedicando un culto normal a considerar el significado del discipulado cristiano en el contexto de la membresía eclesial.

La Cena del Señor

Fundamentos Bíblicos

El principal acto de la iglesia cristiana es reunirse para comer el pan y beber el vino en memoria de Jesús. Esta comida ceremonial tuvo su origen en la tradición judía que recordaba el éxodo de la esclavitud en Egipto. Cuando la comunidad de creyentes parte el pan rememora las cenas de Jesús con quienes le buscaban y eran sus amigos antes y después de su resurrección (Mc. 2:18-22, 6:30-44; Lc. 24:13-35; Jn. 21:9-14) y, sobre todo, la de la Pascua en la que Jesús inauguró un nuevo pacto en su muerte (Mc. 14:12-25). En la cena de Emaús, tenemos una descripción temprana del significado de dicho encuentro: Jesús se había dado a conocer a ellos en el partimiento del pan (Lc. 24:35). Después de la ascensión de Jesús, los primeros cristianos creían que partir el pan en su nombre era tener comunión en su cuerpo y sangre (1 Cor. 10:16).

Fundamento Histórico

A través de toda la historia cristiana, la iglesia ha tratado de captar la paradoja de que la realidad trascendental de Dios puede ser simbolizada por medio de elementos terrenales.

Del punto de vista de una iglesia libre, los largos debates históricos en cuanto a la eucaristía han puesto demasiado énfasis en los objetos, es decir, en el pan y el vino, y muy poco en la iglesia como cuerpo de Cristo en el mundo. Las comunidades menonitas entienden que en la comunión la transformación ocurre en las personas y no en los objetos. En la Edad Media, los elementos se consideraban tan sagrados que la gente temía tomar la comunión. Como consecuencia, aunque había una consagración en cada misa, las personas tomaban la comunión sólo una o dos veces al año.

La Reforma proclamó que la gracia era conferida en los sacramentos sólo por la fe: el pan y el vino son señales de la presencia de Cristo por el poder del Espíritu. Cuando son recibidos con fe y amor por la comunidad reunida, el pan y el vino vienen a ser una comunión del cuerpo y sangre de Cristo. En términos más simples, esta era la enseñanza de la mayoría de los reformadores protestantes, incluyendo a la mayoría de las comunidades anabautistas. Algunos de los reformadores buscaron restaurar la frecuencia de la comunión pero no pudieron lograrla porque persistía el temor medieval de una comunión indigna. Además, las comunidades anabautistas enfatizaron la paz entre los miembros de la iglesia como condición para partir el pan, y también que se tuviera comunión solamente cuando toda la congregación estaba reunida. Durante las épocas de persecución, esto rara vez era posible. Por lo tanto, la tendencia al perfeccionismo y a la persecución reforzó la práctica poco frecuente de la comunión. Sin embargo, había comunión con frecuencia en algunos círculos anabautistas primitivos. Por ejemplo, la *Confesión de Schleitheim* recomienda partir el pan tan a menudo como la iglesia se reúna. Esta práctica es recomendada por la *Confesión de Fe en una Perspectiva Menonita* en la página 64.

Desde comienzos del siglo XVII hasta principios del XX en nuestras dos corrientes de menonitismo hubo un modelo casi universal para la comunión. El culto fue celebrado dos o tres veces por año, en relación con las estaciones (primavera y otoño) o el año eclesial (Viernes Santo, Pentecostés, y Día de los Muertos o primer día de Adviento). Consistía en un culto de preparación o reunión de consejería una semana o un día antes del partimiento del pan. El culto del pan y el vino casi siempre concluía con el lavamiento de pies. Los problemas de legalismo y la falta de ponderación hicieron que este modelo cambiara y uno o ambos cultos preparatorios y también el lavamiento de pies fueran descontinuados. Está bien que adaptemos este modelo de acuerdo con la necesidad pastoral pero también que recordemos la triple acción como nuestra norma. En algunos círculos, la costumbre llegó a ser concluir la comunión con un acto de acción de gracias en forma de testimonios u oraciones de parte de la congregación y / o la lectura de un salmo (generalmente el Salmo 103).

Al apartarse las iglesias libres de la vida litúrgica tradicional después de la Reforma y bajo la influencia de una visión científica del mundo en el siglo XIX, la Cena del Señor pasó a considerarse cada vez más un acto racional de recordación humana, casi como una "ausencia real" de Cristo. El advenimiento de la erudición bíblica ecuménica y de una teología de la gracia más rica, y la recuperación del aprecio de las dimensiones no racionales de la experiencia humana nos están conduciendo a unas teología y práctica más enriquecedoras de la comunión en nuestras iglesias.[30]

Fundamentos Teológicos

Las ceremonias condensan realidades amplias en simples gestos. La Cena del Señor concentra la obra salvadora de Cristo en un momento y una acción. Nos congregamos en torno al pan y vino con la fe de que Cristo es al mismo tiempo nuestro anfitrión y nuestro alimento (Zuinglio). La eucaristía no es un objeto sagrado en el que Cristo está presente; es un acontecimiento sagrado. Cuando la iglesia se reúne con fe y amor, abierta al poder del Espíritu, Cristo se hace presente en el compartir del pan y del vino.

Así como lo hizo en su ministerio terrenal, Jesús viene ahora y nos invita a recibirlo; la iniciativa es de él, pero la respuesta es nuestra. Por lo tanto, el partimiento del pan tiene tanto que ver con nuestra presencia como con la suya. Nos preparamos para recibir a Cristo dando la espalda a otras lealtades y buscando tener paz con todos (Mt. 5:23-24). Este proceso comienza en la conversión y el bautismo pero continúa por todas nuestras vidas: nos vamos por nuestros propios caminos y luego retornamos. La Cena del Señor condensa en un gesto este continuo regreso a Cristo y a nuestras hermanas y hermanos.

¿Qué contribuye a una verdadera celebración de la Cena del Señor según el concepto menonita del evangelio?

Decimos que hay comunión,

1. Cuando una comunidad de creyentes bautizados y bautizadas se reúne en fe y amor. La comunión es la reorganización de los miembros del cuerpo de Cristo, la restauración de nuestras relaciones con él y de unos con otros.[31] Por ser en su esencia comunitaria, cada celebración, aun en circunstancias especiales, es una extensión de la congregación (por ej., en la cama de un

La Cena del Señor 77

enfermo o en un retiro). Reunirse en fe y amor requiere un examen de conciencia de uno mismo y de sus las relaciones con otros, y reafirmarse en Cristo. Por lo tanto, algún acto de auto examen es necesario. Cuando la comunión era celebrada sólo dos veces al año, se apartaba un día para restaurar la unidad en la congregación. En algunos círculos, la comunión era postergada cuando la reconciliación no podía efectuarse. En la evaluación que hacemos hoy, nuestros antepasados enfatizaban la santidad de vida hasta el punto de ser legalistas y menospreciar la gracia como recurso de santidad. El temor de no cumplir los mandamientos de Dios era una razón para no celebrar la comunión con frecuencia. Actualmente, muchas congregaciones celebran la comunión más frecuentemente, y de esa manera la carga de restaurar la unidad no recae en sólo dos ocasiones. Al establecer el tono del culto, se hace necesaria una evaluación pastoral para determinar el equilibrio entre un llamado al auto examen y la seguridad de la gracia.

2. Cuando es presidida por alguien que la congregación confía es un verdadero pastor de Cristo, en general pero no necesariamente ordenado.

3. Cuando la lectura de la Escritura y su proclamación expresan la obra salvadora de Cristo.

4. Cuando son pronunciadas las palabras de la institución. Dichas palabras nos conectan con el hecho original; son una garantía de Jesús mismo en cuanto a lo que estamos por hacer; y son las palabras que tenemos en común con cada una de las otras comunidades que parten el pan en el nombre de Jesús.

5. Cuando se ora, dando gracias a Dios por el cuerpo partido y la sangre derramada, y por las señales del pan y el vino, y se pide al Espíritu que nos permita reconocer

a Cristo en el partimiento del pan. Tanto en las comidas sagradas de los judíos como de los cristianos, Dios era bendecido por los actos salvadores de Dios. De acuerdo con los relatos de la Última Cena, las iglesias libres han interpretado que esta bendición se expresa en simples oraciones de recordación y gratitud por la vida que Jesús ha dado por nosotros y nosotras (Mt. 26:26-29 y paralelos). En algunas oraciones tradicionales menonitas también se ora por la obra del Espíritu en nuestro medio (por ej., HWB 787). Junto con otras denominaciones estamos entendiendo más profundamente que la obra del Espíritu es lo que hace que nuestra reunión sea una comunión del cuerpo y la sangre del Señor.[32]

Consideraciones Pastorales

Está bien que nos preparemos para recibir dignamente a Cristo y a nuestros hermanos y hermanas, pero debemos tener cuidado de no concluir que, por lo tanto, todo el acto y resultado de la comunión depende de nosotras o nosotros. Lo que constituye la Cena del Señor es la presencia de Cristo; nuestra preparación, nuestra reverencia, nuestra obediencia son la respuesta. Sin embargo, a menudo creemos que si no hay cierta intensidad de piedad, nada sucederá. A menos que creamos que Cristo es el que nos recibe, no contamos con una base adecuada para celebrar la comunión frecuentemente: la tensión por alcanzar cada vez un compromiso perfecto de fe y vida agobiará a las personas; o empezarán a restar importancia a la Cena del Señor y la transformarán en otra hora de confraternidad.

Más arriba se mencionó que nuestra práctica poco frecuente de la comunión es una herencia de la Edad Media. Poniéndolo en términos anabautistas, el respeto con que la Cena del Señor era celebrada ayudaba a poner en claro que es un acontecimiento en el cual se restauran las relaciones. La reverencia con la que los más tradicionales menonitas se acercan a la Cena del Señor es profunda y no debe perderse. Al mismo tiempo, el énfasis en las relaciones y la posterior reducción de la eucaristía a un acto humano de rememoración ha hecho que el peso de la ocasión recaiga sobre las personas y éstas pasen a ocupar el lugar central. De acuerdo con el Artículo 12 de la *Confesión de Fe*, celebrar la comunión con frecuencia tiene sentido teológica y pastoralmente hablando cuando hay un equilibrio entre el énfasis en Cristo como anfitrión y dador, y el énfasis en la unidad de la iglesia.

Muchas dimensiones de la salvación se expresan en la Cena del Señor. Algunas se identifican por los nombres que usamos: Cena del Señor (recordando la ocasión original), Eucaristía (acción de gracias), Partimiento del Pan (fraternidad), y Banquete (un anticipo del reino). Partir el pan y poner el vino en la copa representan el cuerpo quebrantado y la sangre derramada de Cristo, su perfecto y suficiente sacrificio, su sufrimiento vicario en favor del mundo entero. Esta realidad es central en el evangelio y en la Santa Cena. Pero hay más. No sólo rememoramos al Cristo sacrificado sino que también adoramos al Cristo resucitado. Nos reunimos no sólo para arrepentirnos de nuestras relaciones rotas sino también para celebrar su restauración. No sólo desafiamos nuestra mortalidad sino que también anticipamos la vida eterna y el banquete mesiánico. Algunas de estas realidades deben estar presentes cada vez que partimos el pan, pero también es apropiado destacar una de ellas de acuerdo con el calendario eclesial y las necesidades de la congregación.

Cada vez se expresa más la necesidad de seguridad del perdón después de la confesión de pecado. Por supuesto, la atención pastoral suple esta necesidad. Pero también es apropiado hacerlo al concluir la preparación para la comunión. Visto desde nuestra comprensión de la iglesia, parece correcto que la persona que preside la ceremonia se refiera al perdón en la declaración (por ej., "Si confesamos…," 1 Jn.1:9, o "En el nombre de Jesucristo, yo declaro que nosotros somos perdonados, amados, y libres").

La pregunta sobre quién está invitado a la mesa ha llegado a ser urgente. La comunión abierta se originó en la carencia de la gracia en gran parte de la vida eclesial, y en consecuencia, de los muchos cultos de comunión. Ahora invitamos a la mesa a todos los cristianos bautizados en un acto de hospitalidad.[33] ¿Puede esta hospitalidad extenderse a creyentes no bautizados?

Tradicionalmente, las comunidades menonitas han declarado que lo que nos admite a la fraternidad de la mesa es el pacto establecido con Cristo y la iglesia en la conversión y el bautismo. Esta es una norma saludable, si advertimos que las personas se acercan de diferentes maneras. En su mesa fraternal, Jesús no impuso condiciones para participar, pero el encuentro fue el camino para tomar una decisión por él o en contra de él. Hay espacio en la Mesa del Señor para nuevos creyentes que ansían encontrarse con Cristo y con sus hermanas y hermanos en el partimiento del pan. Pero el encuentro requiere una decisión: ¿entrarán en un pacto con Cristo y con la iglesia, y aceptarán el bautismo, que es la señal de ese pacto? Por lo tanto, la participación de creyentes no bautizados o bautizadas en la comunión es siempre una preparación, siempre anticipando el bautismo.

Como han llegado a representar el cuerpo y la sangre de Cristo, el pan y vino restantes después de culto deben tratarse con reverencia— ya sea consumiéndolos después del culto, o en una comida, o depositándolos en la tierra en un medio natural.

Consideraciones Prácticas

El Orden del Culto
Normalmente la Cena del Señor se celebra en el culto dominical, incluyendo lectura de las Escrituras y predicación, y culminando con la eucaristía. El canto de himnos acerca de la obra de Cristo y la fraternidad de la iglesia pueden acompañar cada etapa del culto. La preparación (auto examen, reconciliación con otras y otros) puede ocurrir en un culto anterior, o al comienzo del culto, o inmediatamente antes de la comunión. El hecho de estar reconciliados y reconciliadas con Dios puede alcanzar un clímax por medio de un acto de reconciliación en la congregación, como por ejemplo, pasar la paz.

Luego de una oración congregacional se hace la invitación a la Mesa del Señor. La persona que preside ofrece una oración general de comunión, rememorando las poderosas obras de Dios, culminando en la muerte salvadora de Jesús, y orando que el Espíritu Santo haga del partimiento del pan un acto de comunión del cuerpo de Cristo. Luego se leen las palabras de la institución de la Cena, ya sea todas de una vez o separadamente, enseguida de las oraciones de gratitud por el pan y por la copa.

Cuando es costumbre que las personas pasen adelante para recibir, es posible combinar las oraciones de gratitud por el pan y la copa, las cuales mismas se organizan de manera que las palabras de la institución y las oraciones puedan ser leídas para el pan y el vino conjuntamente. Históricamente existió la costumbre de que la congregación permaneciera en las bancas para recibir la comunión, pero hubo ocasiones en que los comunicantes pasaron adelante, ya sea para recibir los elementos individualmente o colectivamente alrededor de la mesa. En las bancas, el ministro o la ministra distribuye ya sea uno o ambos elementos, pronunciando las palabras de la institución, o las diaconisas y los diáconos los van pasando en cada fila. Cuando las personas pasan adelante, se puede usar las mismas palabras. Cuando toda la congregación o parte de la misma va adelante, las personas pueden pasar los elementos entre ellas con las palabras de la institución u otras palabras adecuadas. Es apropiado que la ministra o el ministro participe en la comunión en último lugar. En algunas congregaciones, los participantes dan a la persona a quien pasan los elementos una afirmación silenciosa con un movimiento de cabeza, invitándola a participar. Algunas congregaciones han empezado a mojar el pan en el vino (*intinctio*). Por un lado, algunas personas creen que es más higiénico. Por el otro, elimina de la acción eucarística el acto de beber. Cuando hay lavamiento de pies, las personas se acercan a la palangana de dos en dos o en grupo para lavarse los pies mutuamente. Por turno, una persona se arrodilla, y tomando con las manos un poco de agua la derrama sobre los pies de la otra persona, y luego los seca con una toalla. Cuando ambas terminan, se saludan con un beso santo, o con un abrazo y una palabra de bendición. Al final, se puede permanecer un momento en silencio o cantar un himno apropiado, como el HWB 783. La comunión termina con la oración final u otro acto de gratitud y despedida.

La Función del que Preside
Es común en círculos menonitas que más de una persona cumpla la función de servir la Cena del Señor. Pero alguien debe presidir para invitar a las personas a participar y luego clausurar la ceremonia. Los otros líderes y la congregación deben saber que hay alguien supervisando el culto. Tradicionalmente, el obispo o ministra dirigen, y los otros ministros, ministras, diaconisas y diáconos asisten con oraciones, distribución, y el lavamiento de pies. La razón de esto, también aplicable a nuestros estilos pluralistas de liderazgo, es que presidir la Mesa del Señor corresponde a quien dirige y sirve a la congregación.

Es importante que se den instrucciones precisas y claras para que se sepa lo que se espera de las personas. Lo mejor es darlas al principio, cuando se hace la invitación, a fin de que el culto transcurra sin interrupciones.

Intimidad
La comunión es a la vez un momento de intimidad y un acto público. Es íntimo porque en esta fiesta nos encontramos con Cristo tal como él es realmente (la encarnación de la gracia) y con nuestros hermanos y hermanas tal como ellos y ellas son realmente (en vista de una relación con Cristo y de unos con otros por gracia). Un himno lo expresa bien, "Aquí, mi Señor, te veo cara a cara. Aquí puedo tocar y entender cosas impalpables". Aunque es profundamente personal, el partimiento del pan es una actividad pública porque todos los que pertenecen a Cristo están invitados; no es una actividad privada en el que están presentes sólo las personas que tienen una relación particular unas con otras.

El lavamiento de pies es, inevitablemente, un evento íntimo. Por esa razón, es difícil celebrarlo a menudo. Pero en un ambiente de calidez y serenidad, es un gesto de amor difícil de expresar con palabras (ver HWB 783). Prepara o completa la ceremonia del partimiento del pan en la Semana Santa, cuando revivimos los acontecimientos de la pasión de Jesús, o en ocasiones cuando se busca destacar la calidad de pacto de la comunión.

Himnos:
    HWB 449
    HWB 450
    HWB 452
    HWB 453
    HWB 454
    HWB 455
    HWB 459
    HWB 464
    HWB 465
    HWB 472
    HWB 472
    HWB 476
    HWB 478

Usted puede escoger himnos en español que se adapten a la ocasión.

Pasajes bíblicos:
    Salmo 34:1- 8   Juan 6:35-40, 47-51
    Jeremías 31:31-34   1 Corintios 10:16
    Isaías 25:6-10   1 Corintios 11:23b-26
    Lucas 22:14-20, 28-30   Apocalipsis 19:6-9[a]
    Lucas 24:13-35

Ayuda visual:
Piense en la posibilidad de crear una bandera o estandarte (hecho con retazos, pintado, bordado, etc.) que podrá ser desplegado cuando la congregación celebra la comunión. En algunas iglesias, parte de la tradición es que siempre se usa la misma clase de pan para la comunión. Se puede enriquecer el momento de la comunión eligiendo diferentes clases de pan para diferentes temas. Por ejemplo, un buen pan de harina integral puede ser apropiado durante la Semana Santa. Para la mañana de Pascua, una trenza hecha con masa rica en huevos sería festiva. En el Domingo de Comunión Mundial, se podría usar una variedad de panes para representar la fraternidad internacional de la iglesia: pita, *bagels*, pan de cebada, tortillas, *zwieback*, pan de levadura, pan de maíz, etc. Piense en variar la manera de distribución: pasando adelante, sentados en las bancas, poniéndose de pie en un círculo, sentándose a la mesa, etc.

El Culto de la Palabra y la Mesa en el Día del Señor

Modelo 1

Reunión en silencio o con música

Himno(s)

Si no ha habido un acto previo de preparación, puede tener lugar ahora, o al comienzo de la comunión. A continuación se ofrece un orden de preparación (para leer al unísono):

Antes de comer el cuerpo del Señor, antes de compartir su vida en pan y vino, yo reconozco las cosas de las cuales me arrepiento: y las entrego.

Oración silenciosa

Las palabras de esperanza que dejé de ofrecer, las oraciones amables enterradas bajo mi orgullo, la ayuda que dejé de brindar: las entrego.

Oración silenciosa

La poca visión y entendimiento, la necesidad de que otros hagan mi voluntad, y toda palabra y silencio que pronuncié y dejé de pronunciar con el propósito de lastimar: las entrego.

Oración silenciosa

Pido perdón a quienes me rodean y en quienes encuentro a mi Señor, y les concedo mi perdón; que toda contradicción de la paz de Cristo pueda ser entregada.

Oración silenciosa

Señor Jesucristo, compañero en esta fiesta, vacío ahora mi corazón y extiendo mis manos, y te pido que pueda encontrarte aquí en el pan y el vino que tú nos ofreces. Amen.[34]

La Paz de Cristo (ya sea aquí o al comienzo de la comunión)

Escuchen las palabras del Señor Jesús: "La paz os dejo, mi paz os doy. Yo no os la doy como el mundo la da. No se turbe vuestro corazón ni tenga miedo" (Jn. 14:27). Démonos la paz de Cristo unos a otros. *Las personas se vuelven para mirarse unas a otras y se estrechan la mano o se abrazan, deseándose unas a otras la paz de Cristo. Este no es momento para conversar, sino un acto de aceptación mutua basado en el hecho de que Cristo nos acepta a nosotros (Rom. 15:7). La simple expresión "Te deseo la paz de Cristo" es suficiente. O una persona puede decir, "La paz de Cristo sea contigo", y la otra responder, "Y también contigo".*

Lectura de pasajes bíblicos

Sermón

Oración congregacional (que debe incluir oración por la iglesia en todas partes; por la paz en el mundo; por quienes ocupan cargos de confianza pública; por aquellos que están en situación de enfermedad, pobreza, peligro, duelo, y sufrimiento; y por nosotros mismos)

Ofertorio

Invitación

Hermanos y hermanas en Cristo,
   es bueno recordar el
significado de esta Cena.

Es una rememoración del sacrificio de Cristo
   por el pecado del mundo;
   nos encontramos con el Señor resucitado;
   nos alimentamos en él por la fe;
   tenemos comunión unos con otros en su cuerpo, la iglesia;
   y esto es un anticipo del día en que él volverá.

Es la Mesa del Señor, y todos los que están bautizados
   están invitados a participar.

Por lo tanto, vayamos a la Mesa del Señor con fe,
   reconociendo nuestras debilidades,
   renunciando a nuestro pecado,
   confiando en Cristo,
   buscando su gracia.[35]

El acto de preparación puede continuar ahora.

[*Puede administrarse la unción inmediatamente después de recibir la comunión, o al final del culto. Ver la sección sobre ungir bajo* **Lamentaciones y Sanidades**.]

Himno

Oración de Comunión y el Padre Nuestro
Dios de perfecto amor,
   por medio de Jesús, tu Hijo, hemos llegado a conocerte.
En compañía de toda la comunión de los santos y las santas
   venimos a ti para rememorar la muerte de Jesús
   con gratitud por tu gran redención.
Te alabamos en la congregación de aquellos
   a quienes has llamado a ser tus compañeros y siervos.
Te damos gracias porque perdonas a quienes se arrepienten.
No te guardaste a tu único y amado Hijo sino que
   lo ofreciste para que pasara por una muerte amarga.
Nos enviaste un amigo de los pecadores y nos diste
   un nuevo pacto.
Por sus heridas hemos sido sanados.

Dios de abundante gracia,
   la gratitud llena nuestros corazones al acercarnos a la Mesa del Señor.

Permite que sea una señal para nosotros de que tú eres un Dios dispuesto a perdonarnos y nos aceptas por gracia.
Que este pan y esta copa muestren la obra redentora de Cristo.
En esta Santa Cena, haznos uno con él para que podamos mantenernos firmes andando en pos de él.
Envía tu Espíritu para santificar nuestros corazones para que podamos alabar a nuestro Redentor y
gustar de su presencia ahora y para siempre.
Haz que el pan que partimos y la copa de la cual bebemos sea una comunión en el cuerpo y sangre de Cristo.
Escúchanos por él, en cuyo nombre oramos,

> Padre nuestro que estás en los cielos,
> Santificado sea tu nombre,
> Venga tu reino,
> Hágase tu voluntad, como en el cielo,
> Así también en la tierra.
> El pan nuestro de cada día, dánoslo hoy.
> Perdónanos nuestras deudas,
> Como también nosotros perdonamos a nuestros deudores.
> No nos metas en tentación,
> Sino líbranos del mal.
> Porque tuyo es el reino, el poder y
> la gloria, por todos los siglos. Amén".

Comunión (mientras se pronuncian las palabras de la institución, el pan y el vino pueden sostenerse en las manos; las oraciones de gratitud pueden ser espontáneas)

Palabras de la institución en cuanto al pan:
Yo recibí del Señor lo que también os he enseñado,
> que el señor Jesús, la noche que fue entregado,
> tomó pan y habiendo dado gracias, lo partió, y dijo:
> "Tomad, comed; esto es mi cuerpo que por vosotros es
> partido; haced esto en memoria de mí".

Oración de gratitud por el pan:
Bendice, Cristo, el pan que partimos.
Haz que sea el pan de nuestra sagrada comunión contigo.
Abre nuestros ojos para que podamos verte por la fe, en la
> cruz, nuestra reconciliación con Dios.

Que tu inconmensurable acto de generosidad nos atraiga
> hacia ti para amarte y servirte siempre. Amén.

Al iniciar la distribución del pan:
Coman, amados, coman el Pan del Señor.

Palabras de la institución en cuanto a la copa:
Asimismo, tomó también la copa, después de haber cenado,
> diciendo:
>> "Esta copa es el nuevo pacto en mi sangre;
>> haced esto todas las veces que la bebáis,
>> en memoria de mí".

Así pues, todas las veces que comáis este pan y bebáis esta
> copa, la muerte del Señor anunciáis hasta que él venga.

Oración de gratitud por la copa:
Cordero de Dios, tú derramaste tu sangre en la cruz
> por nosotros.

Alabando sea tu santo nombre por tu gracia y amor.
Bendice esta copa, Señor.
Haz que sea la comunión de tu sangre,

para que podamos encontrar descanso para nuestras almas
y gozo para nuestro peregrinaje. Amén.

Al iniciar la distribución de la copa:
Beban, amados, beban la Copa del Señor.[37]

En este momento o durante el lavamiento de pies, puede haber oraciones improvisadas, testimonios, y el canto de himnos.

Lavamiento de pies
Leer Juan 13 (todo o parte de los versos 1-17) y hacer un corto comentario sobre su significado, u orar el himno HWB 782.
Cuando lavó los pies de sus discípulos, Jesús dio un ejemplo para que nosotros lo siguiéramos.
En aquellos días, sólo los sirvientes se inclinaban ante sus señores para lavarles los pies.
Jesús, el Señor y Maestro, se despojó a sí mismo, tomando la forma de un esclavo.
Al arrodillarse unos frente al otro, nos mostramos ispuestos a servir a la hermana y al hermano, al prójimo y al enemigo.
Al volver a las tareas de nuestra vida diaria, que podamos recordar la postura que hemos tomado aquí.
El lavamiento de pies es también una señal de nuestra necesidad
de limpieza de todo lo que nos impide asumir
la postura de un siervo.
En este humilde acto, Jesús purificó a los discípulos de orgullo y preocupación por su estatus.
Cuando permitimos a otro, que en nombre de Cristo nos ave los pies, aceptamos esa limpieza.
¡Vengan y renueven el pacto de ser servidores!

Durante el lavamiento, se puede guardar silencio o cantar himnos.

Para concluir, leer Juan 13:17 u orar el himno HWB 783

Oración después de la comunión
Bendito eres, Dios.
Tú estableciste este pan y esta copa como señales del cuerpo quebrantado y la sangre derramada de tu Hijo.
[esta palangana es una señal de su servidumbre]
Por medio de los mismos tú nos has hecho participantes con Cristo y entre nosotros.
Al seguir adelante,
    danos la gracia de considerar que los demás son mejores que nosotros, de amar a nuestros enemigos, y de buscar la paz.
Envía el Espíritu de Verdad para mantener vivo en nosotros lo que Jesús enseñó e hizo,
    en cuyo nombre oramos. Amén.

Himno
Despedida en silencio o con música

    Si la comunión se celebra en un culto aparte después del culto principal en el Día del Señor, es apropiado que el sermón trate sobre la obra de Cristo, de ser posible, con base en textos como Isaías 53 y Lucas 22. La oración congregacional y otros aspectos de un culto normal generalmente se omiten a fin de concentrarse en la comunión con Cristo y los unos con los otros. Si el culto se planea como parte de un ágape, se recomienda el Modelo 2.
    Si la comunión es compartida con una persona enferma o alguien que no sale de su casa, es preferible que se haga

como extensión del culto congregacional. El culto descrito más arriba puede ser abreviado según convenga o se puede usar el siguiente orden. Es mejor que la oración comunitaria no se repita para que quede claro que el segundo culto es la continuación del primero.

Comunión en Circunstancias Especiales

(Himno)
Oración Inicial
Escritura y comentario
Invitación
Acto de auto examen / unción / expresión de necesidades
Seguridad de perdón
La paz de Cristo
Palabras de la institución

Oración (HWB 788)
Bendito eres, Dios del cielo y de la tierra.
Por misericordia hacia nuestro mundo caído diste a tu único Hijo,
    para que todo aquel que en él crea
    no perezca sino que tenga vida eterna.
Te damos gracias por la salvación
    que has preparado para nosotros por medio de Jesucristo.
Envía ahora tu Espíritu Santo a nuestros corazones,
    para que podamos recibir a nuestro Señor con una fe viva
    cuando venga a nosotros en esta santa cena.[38]
(puede concluir con el Padre Nuestro)

Distribución
Oración después de la comunión
(Himno)

Modelo 2

(Adaptación de un culto del siglo XVII por Hans de Ries, especialmente adecuado para un ágape o comida fraternal)

Introducción
Después que hubieron comido el cordero pascual, Jesús tomó pan común.
Entonces pronunció una bendición sobre el pan,
 no sólo por ese pan en ese tiempo sino hasta el fin del mundo.
Este pan es santo por su propósito—se ha convertido en una señal de Cristo.
Por lo tanto, venimos a la fiesta con corazones agradecidos.
Como con facilidad olvidamos lo que no vemos, el Señor nos da esta señal visible para que siempre podamos pensar en él.
No podría haber una figura que represente mejor este misterio
 del cuerpo y sangre de Cristo que la parábola del pan y del vino.
Porque como el pan alimenta y fortalece a la persona exterior, también el cuerpo de Cristo nos alimenta interiormente en la fe.
El pan es partido así como su cuerpo fue partido.
De igual manera el vino alegra el corazón y sacia la sed;
 la sangre de Cristo hace lo mismo.

Oración silenciosa de gratitud

A continuación puede haber una comida fraternal y/o lectura bíblica, predicación, y oración. Especialmente para una comida fraternal los textos sugeridos son: Génesis 18:1-14, Salmo 33; 1 Corintios 12.

Comunión
¡Qué magnífica Cena es ésta!
No es una comida y bebida ordinaria. ¡No!
Porque el que invita es Dios;
    el que preside es Cristo;
    todos los creyentes son sus invitados,
    y la comida es el poder de la carne y sangre derramada de Jesús.
¿Quién es apto para participar?
    Aquellos que tiene una fe firme en el amor de Dios y en la Palabra.
    Aquellos que están llenos de remordimiento por causa de sus pecados
        y confían en sus corazones que Dios perdona a los pecadores por causa de Cristo.
Aquellos que viven en pureza para Dios, obedeciendo la voz de nuestro Pastor, Jesucristo.

Silencio

Oración
Por lo tanto, que no haya tristeza, ni duda en cuanto a acercarse a la mesa del Señor, porque allí recibimos el perdón por nuestros pecados y la promesa de vida eterna.
Antes de entrar en la fiesta de bodas, invoquemos el nombre del Señor.

Bondadoso Dios, Padre de nuestro Señor Jesucristo,
   estamos reunidos aquí para guardar tu fiesta,
   para recordar la muerte de nuestro Salvador, Jesucristo.
No estamos en la forma que deberíamos.
   Sufrimos el pecado.
   Desobedecemos a tu Divina Majestad en pensamiento, palabra, y obra.
   Sabemos que tú tienes buenas razones para no alimentarnos con el cuerpo y sangre de tu Hijo.
   Clamamos, ¡Perdónanos!
Atrae nuestros corazones hacia ti para que podamos buscar ese pan celestial que alimenta nuestras almas en la vida eterna. Amén.

Palabras de la institución (1 Cor. 11:23-26)
Yo recibí del Señor lo que también os he enseñado:
   Que el Señor Jesús, la noche que fue entregado, tomó pan; y habiendo dado gracias, lo partió, y dijo: "Tomad, comed; esto es mi cuerpo que por vosotros
   es partido; haced esto en memoria de mí".
Asimismo tomó también la copa, después de haber cenado, diciendo:
   "Esta copa es el nuevo pacto en mi sangre;
   haced esto todas las veces que la bebáis,
      en memoria de mí".
Así pues, todas las veces que comáis este pan y bebáis esta copa,
   la muerte del Señor anunciáis hasta que él venga.

Por el pan:
El pan que partimos, ¿no es una comunión del cuerpo de Cristo?

Nosotros, siendo muchos, somos un cuerpo puesto que todos participamos en un pan.
Así como el pan está hecho de muchos granos
    y es uno, de modo que ya no podemos distinguir un grano del otro,
de igual manera nosotros somos uno en Cristo.
Jesús tomó el pan y primero dio gracias antes de partirlo.
Por lo tanto, hagamos lo mismo que Cristo y Demos gracias, diciendo:
    Eterno, compasivo Dios, tu Hijo dio
su vida en la cruz por nosotras pecadoras y nosotros pecadores
y nos dejó esta Cena para recordarlo.
Bendice este pan en este día por medio de
tu Divino Poder
para que pueda ser un verdadero sacramento
para nosotros
y una verdadera señal del cuerpo de tu Hijo.

Al compartir este pan, concédenos uno más elevado,
o sea un pan celestial, Jesucristo,
quien alimenta nuestras almas ahora y en la
vida eterna. Amén.

Distribución
Tomad, comed, este es mi cuerpo que por vosotros es partido.

Por la copa:
En esta copa, las uvas están ahora mezcladas unas con otras.
Al estar juntas, sacian la sed y producen alegría.

La copa de acción de gracias con la cual agradecemos, ¿no es la comunión de la sangre de Cristo?
Puesto que el Señor primero la bendijo, bendigámosla también nosotros.
Compasivo Dios, tú no deseas nuestra muerte en el pecado, sino que nos volvamos y vivamos.
Esta copa representa ante nuestros ojos el derramamiento de la preciosa sangre de Cristo.
Bendícela para que podamos gustar de tu salvación, y un día bebamos el vino nuevo en el reino del Padre. Amén.

Distribución
Bebed todos de ella, esta es mi sangre del Nuevo Testamento
    que es derramada por muchos para el perdón de
        pecados.

Después de la Distribución
Gustad y ved que el Señor es bueno.
Puede seguir el lavamiento de pies (ver Modelo básico)

Acción de Gracias
Bendice, alma mía, al Señor,
    y bendiga todo mi ser su santo nombre.
Bendice, alma mía, al Señor,
    y no olvides ninguno de sus beneficios.
Él es quien perdona todas tus maldades,
    el que sana todas tus dolencias,
el que rescata del hoyo tu vida,
    el que te corona de favores y misericordias,
el que sacia de bien tu boca mientras vivas.
    Amén. (Salmo 103:1-5 a)

Bendición

Acto de Preparación en un Culto Previo

(a)
L: "Por tanto, si traes tu ofrenda al altar
y allí te acuerdas de que tu hermano o hermana
   tiene algo contra ti,
deja allí tu ofrenda delante del altar y ve,
reconcíliate primero con tu hermano,
y entonces vuelve y presenta tu ofrenda.
(Mt. 5:23-24)

Oración silenciosa

Todos: Ten piedad de mí, Dios,
conforme a tu misericordia;
porque yo reconozco mis rebeliones, y mi pecado
   está siempre delante de mí. (Salmo 51:1 a, 3, 10)
L: Declaro en el nombre de Jesús que
somos perdonadas, perdonados, amadas, amados,
   y libres.

(b) *las personas pueden responder en forma individual o colectiva*
Hermanos y hermanas,
si se comprometen a amar a Dios sobre todas las
   cosas,
en el poder de la Palabra de Dios,
y sujetarse a la voluntad de Dios;
entonces diga cada uno: Lo prometo.

Si se comprometen a amar y servir a sus prójimos y
   prójimoas,
y ponen su vida en el poder de nuestro Señor
   Jesucristo,

que puso su vida por nosotros y nosotras,
entonces diga cada uno: Lo prometo.

Si se comprometen a practicar la amonestación mutua para
con sus hermanos y hermanas,
a hablar y escuchar la verdad,
a hacer la paz con aquellos que les ofendieron,
a dejar de hacer lo que causa daño a sus prójimos
y prójimas,
y a hacer el bien a sus enemigos,
entonces diga cada uno: Lo prometo.

Si desean confirmar delante de la iglesia esta promesa de
amor,
comiendo pan y bebiendo vino,
el memorial vivo de la muerte de Jesús, nuestro
Señor,
entonces diga cada uno: Lo deseo en el poder
de Dios.

Reflexión silenciosa

Comamos y bebamos juntos en el nombre de Dios el Padre,
el Hijo, y el Espíritu Santo.
Dios nos dé a todos la fortaleza para cumplir nuestra
promesa. Amén.[39]

Otras Palabras de Invitación

(a)
Amigos, ¡esta es la gozosa fiesta del pueblo de Dios!
Vendrán del este y del oeste, del norte y del sur,
y se sentarán a la mesa en el reino de Dios.
Cuando nuestro Señor resucitado estaba a la mesa con sus

discípulos, él tomó el pan, lo bendijo, y lo partió, y lo
dio a ellos.
Entonces sus ojos fueron abiertos y lo reconocieron.
Esta es la mesa del Señor.
Nuestro Salvador invita a quienes confían en él y han
pasado por las aguas del bautismo
    a compartir en la fiesta que él ha preparado.40

(b)
Jesús les dijo,
   ". . .porque el pan de Dios es aquel que
      descendió del cielo
         y da vida al mundo".
La gente respondió,
   "Señor, danos siempre este pan".
Jesús contestó,
   "Yo soy el pan de vida.
   El que a mí viene nunca tendrá hambre,
   y el que en mí cree no tendrá sed jamás".(Jn. 6:33-35)

Otras Oraciones de Comunión

(a)
Dios Todopoderoso, Creador del cielo de la tierra,
    tú nos formaste a tu imagen;
    tú hiciste el pacto con nosotros de ser nuestro Dios.
Cuando nos habíamos alejado de tus caminos y maltratado
tus dones,
    tú nos diste a Jesús, la corona de tus dones.
Despojándose a sí mismo, para que nuestro gozo fuera
completo,
      alimentó al hambriento, a la hambrienta, sanó al
      afligido, a la aligida,
      comió con los despreciadosy despreciadas, con los

olvidados y olvidadas,
lavó los pies de los discípulos,
y dio una comida santa como promesa de su
inquebrantable presencia.
Por el bautismo de su sufrimiento, muerte y resurrección
tú procreaste a tu iglesia,
nos libraste de la esclavitud de pecado y muerte,
e hiciste con nosotros un nuevo pacto, por el
agua y por el Espíritu.
Y así, para rememorar estos tus poderosos actos en Jesucristo,
nos ofrecemos a ti en alabanza como un sacrificio
vivo.
Derrama tu Santo Espíritu sobre nosotros, reunidos aquí.
Concédenos la comunión del cuerpo y sangre de Cristo,
para que podamos ser para el mundo el cuerpo
de Cristo, redimidos por su sangre.
Por tu Espíritu, haz que seamos uno con Cristo, unidos y unidas
entre nosotros y nosotras, y unidos y unidas en el
ministerio a todo el mundo,
hasta que Cristo venga en victoria final y
participemos en su banquete celestial.
En su nombre oramos, Padre Nuestro...[41]

(b)
Santo Dios, Señor de la creación,
tú formaste la tierra del caos;
tú nos moldeaste a tu imagen.
Con misericordia más alta que las montañas y gracia
más profunda que los mares
llamaste y guiaste a tu pueblo.

Cuando decidimos huir de tu llamado,
> tú viniste a nosotros en la vida y muerte
>> del Mesías, Jesús, y nos adoptaste como propios.

Con pan y vino Jesús selló tu pacto con nosotros.
Reunidos en esta mesa, recordamos su vida vivida
> y ofrecida para otros.
>> En su muerte, nos liberó de la muerte.
>> En su resurrección, abrió el camino a la vida eterna.

Envía ahora tu Espíritu Santo sobre nosotros y sobre esta comida,
> para que podamos alimentarnos de Cristo y
> compartir su abundancia con el mundo.

Pedimos esto por medio de nuestro Salvador,
Quien nos enseñó a orar, diciendo, Padre Nuestro…[42]

Con respuestas cantadas (una o más estrofas de cada himno; la oración incluye las palabras de la institución y no incluye oraciones de gratitud por separado)
Himno sugerido: HWB 463

Eterno Dios, es bueno darte gracias y gloria:
> tú eres Dios único, vivo y verdadero.

Por toda la eternidad tú vives en inaccesible luz.
Fuente de vida y bondad,
> tú has creado todas las cosas para llenar a tus criaturas
>> con toda bendición
> y guiar a todas las gentes a la jubilosa visión de tu luz

Incontables huestes de ángeles están delante de ti para hacer tu voluntad;
ellos contemplan tu esplendor y te alaban, noche y día.

Unidos con ellos, y en el nombre de toda criatura debajo del cielo,
> nosotros también alabamos tu gloria mientras cantamos:

Himno sugerido: "Santo, Santo, Santo!" HWB 120

Dios Redentor, amaste tanto al mundo que en la plenitud del tiempo
> enviaste a tu Amado para ser nuestro Salvador.

Él fue concebido por el poder del Santo Espíritu,
> y nacido de la Virgen María, un ser humano como nosotros en todo menos en el pecado.

A los pobres él proclamó las buenas nuevas de salvación,
> a los prisioneros, libertad,
> y a los que sufren, alegría.

En cumplimiento de tu voluntad él se dio a sí mismo hasta la muerte;
> libremente se ofreció como víctima propiciatoria por los pecados del mundo.

Al levantarse de los muertos, él destruyó la muerte y restauró la vida.

Himno sugerido: HWB 167

Para que ya no vivamos más para nosotros mismos sino para Cristo,
> él envió tu Espíritu Santo, amado Dios, como su primer don para aquellos que creen,

para completar su obra en la tierra y traernos la plenitud de la gracia.

Que el Espíritu Santo nos santifique para que al partir el pan y beber la copa

podamos compartir el cuerpo y sangre de Cristo,
el gran misterio que Jesús nos dejó como eterno pacto.

(pausa)

Mientras comían, Jesús tomó pan, lo bendijo,
   lo partió y lo dio a sus discípulos,
     diciendo: "Tomad esto, todos vosotros, y comedlo:
     este es mi cuerpo que será dado por vosotros".
De igual manera, tomó la copa, la llenó con vino.
Dio gracias, y dando la copa a sus discípulos,
     dijo, "Tomad esto, todos vosotros, y bebedlo:
       esta es la copa de mi sangre, la sangre del nuevo y
        eterno pacto."
       Será derramada por vosotros y por todos para
        perdón de los pecados.
       Haced esto en memoria de mí."
Proclamemos el misterio de la fe:

Himno sugerido: HWB 335

Señor, reúne a todos los que comparten este único pan
   y esta única copa, en un único cuerpo de Cristo, un
   sacrificio vivo de alabanza.

Comunión

Himnos sugeridos: (HWB 475), (HWB 466), y otros.[43]

(d)
Santa Trinidad, tu danza de amor nos envuelve y nos
   incorpora,

atrayéndonos a los misterios de la muerte y la
vida, del dolor y la esperanza, de la desesperación
y el gozo.
Cuando te ofreciste por nosotras y nosotros, Cristo, nos
diste vida: victoria sobre la muerte,
    esperanza: victoria sobre el dolor,
    gozo: victoria sobre la desesperación.
Te damos gracias por crear los frutos de la tierra,
    Dios, y por usar estos dones de pan y vino para
    que podamos conocer tu infinito amor.
Muéstrate a ti mismo a través de nuestro compartir de estos dones.
Espíritu Bueno, ven sobre nosotros ahora, y haz que podamos incorporar el cuerpo y sangre de Cristo en nuestros cuerpos.
Danza en nosotros, O Santa Trinidad, al comer y beber esta comida de gracia, para que
    nuestros cuerpos puedan ser reunidos en un Cuerpo
    y para que nuestra danza terrena pueda ser unida
    con la tuya. Amén.[44]

Otras Oraciones de Gratitud
(pueden expresarse separadamente o juntas)

(a)
Por el pan:
Santo y Amoroso Dios,
    te damos gracias porque nos diste este pan,
    tu señal del cuerpo de Jesús partido por nuestros
    pecados y resucitado para nuestra salvación.
Haz que todos los que comemos de este pan nos
    limentemos del pan del cielo. Amén.

Por la copa:
Bondadoso Dios,
> te agradecemos por darnos esta copa,
> tu señal de la sangre de Jesús, derramada para nuestra sanidad.

Haz que todos los que gustan este vino beban de la copa de salvación. Amén.

(b)
Por el pan:
Dios de los campos fértiles, Dios del pan de vida, tu misericordia y bondad abundan cada día,
> llenándonos con una cosecha de amor.

Mares de trigo, arroyos de lluvia, olas de calor,
> dan como fruto el pan que nos alimenta,

pan para el cuerpo y el alma.
Este pan de Cristo está bendecido por la tierra, las manos, y el cielo.
Que tu Espíritu nos alimente con este pan, nutriendo cuerpo, mente, corazón y espíritu.
Que nos forme a la imagen de Cristo por causa del mundo. Amén.

Por la copa:
Dios de viñedos maduros, Dios de nuestra vid verdadera, tu fidelidad arraiga nuestras vidas, sosteniéndonos con paciencia y gracia.
Vides podadas, perdurable sol, atenta mirada, producen el fruto de la viña, bebida para cuerpo y alma.
La copa de Cristo es bendecida por la tierra, las manos, y el cielo.
Que tu Espíritu nos satisfaga con esta copa, saciando la sed de cuerpo, mente, corazón y espíritu.

Que derrame en nosotros la imagen de Cristo para que podamos ser derramados por el mundo. Amén.[45]

Otras Palabras para Antes de la Distribución

El pan que partimos, ¿no es la comunión del cuerpo de Cristo?
La copa de bendición que compartimos, ¿no es la comunión de la sangre de Cristo? (1 Cor. 10:16)

Otras Oraciones Para Después de la Comunión

(a)
Dadivoso Dios, tú nos has nutrido con nuestro Salvador Cristo, quien vino a nosotros en este santo banquete.
    Únenos ahora en fe, misericordia, y justicia.
    Inspíranos para amar al mundo como Cristo lo ama.
    Anímanos con la esperanza de la vida eterna.
Todo esto pedimos, santo Dios, en nombre de Jesucristo, tu palabra encarnada,
y de tu Espíritu vivificador, único Dios por la eternidad. Amén.[46]

(b) *(para usar el Viernes Santo)*
Cristo, nuestra víctima,
    cuya belleza fue desfigurada
    y cuyo cuerpo fue herido en la cruz;
    abre tus brazos para
    abrazar a nuestro torturado mundo,
    que no desviemos la vista,
    sino que nos entreguemos a tu misericordia.
Amén.[47]

(c)
Eterno Dios,
> tú nos has aceptado con bondad como miembros vivos de tu Hijo, nuestro Salvador Jesucristo,
> y nos has alimentado con comida espiritual en el sacramento de su cuerpo y sangre.

Envíanos ahora al mundo en paz,
> y concédenos fortaleza y valor para amarte y servirte con alegría y
> sin doblez de corazón;
> por Cristo, nuestro Señor. Amén.[48]

(d)
Dios de abundancia, tú nos has alimentado con el pan de vida y la copa de salvación;
> tú nos has unido con Cristo y unos con los otros y nos has hecho uno con todo tu pueblo en el cielo y en la tierra.

Envíanos ahora con el poder de tu Espíritu,
> para que podamos proclamar tu amor redentor hacia el mundo y
> caminar en la resurrección de Cristo nuestro Salvador. Amén.[49]

Otras Oraciones de Confesión

(a) *(apropiadas para la Cuaresma)*
L: La vida está hecha de aspiraciones y luchas,
> gozo y lamento,
> logros y fracasos.
>> [Durante la Cuaresma] nos inquietamos en especial por aquellas partes de nosotros, nosotras y
>>> del mundo
>>>> por las cuales luchamos, nos lamentamos,
>>>> y fracasamos.

Hacemos esto ante la cruz de Cristo:
   él entregó su vida para hacer íntegros a los demás.
Nos reunimos aquí porque Dios ha prometido
   transformarnos más y más
      en personas que viven para él y para el mundo.
Nombremos las cosas que nos impiden vivir
   la nueva vida que Dios ha prometido.

Pausa después de cada una de las siguientes expresiones

P: No hemos amado plenamente a Dios ni a nuestros prójimos ni a nuestras prójimas como a nosotras mismas o nosotros mismos.
Hemos entristecido a tu Espíritu Santo conformándonos
con menos de lo que ella nos ofrece o pide.
Nos hemos refugiado en bienes y comodidades mundanos.
Hemos dejado que otras personas se arriesguen.
Nos hemos avergonzado de pronunciar el nombre de Cristo.
L: Por lo tanto, confesemos nuestros pecados a Dios.
P: Ten misericordia de mí, Dios, de acuerdo con tu invariable amor,
   porque yo conozco mis transgresiones
   mi pecado está siempre delante de mí.
Crea en mí un corazón limpio, Dios,
y pon un espíritu recto dentro de mí.

Silencio

L: En el nombre de Jesús, les aseguro que han sido perdonadas y perdonados, y son amadas, amados y libres. Amén.

P: En el nombre de Jesús, te aseguramos que tú
has sido perdonada y perdonado, y eres amada y
amado, y libre. Amén.

(b) (puede haber silencio luego de cada petición, hasta "sana nuestras dolencias")

Todos: Dios fiel, cuyas mercedes nunca terminan,
confesamos que nuestra disposición a
servirte es imperfecta.
Elegimos hacer lo que nos da honor a nosotros y
nosotras.
Caemos en las tentaciones del poder y la ambición.
Creemos que nuestras propias obras nos salvarán.
Despreciamos lo bueno de la creación.
Echamos a perder el testimonio de la iglesia
con nuestra mezquindad.
No confiamos en la obra del Espíritu en nuestro medio.
Sana nuestras enfermedades, te pedimos.
Danos la mente de Cristo.
Por medio de tu Espíritu haz en nosotros lo que quieras.
En el nombre de Jesús. Amén.
L: Hermanos y hermanas, Dios nos ha perdonado;
somos libres. ¡Que el gozo abunde! Amén.[50]

Oración de Participación en Humildad

Padre, nos atrevemos a venir a la mesa de tu Hijo,
no porque confiamos en nosotros mismos y en
nuestra rectitud,
sino confiando solo en ti y en tu gran misericordia.
No merecemos comer ni siquiera las migajas que caen de
tu mesa.

Pero tú, Señor, nunca cambias.
Tu misericordia nunca se acaba.
Aliméntanos con la comida espiritual del cuerpo y sangre
 de Cristo,
> para que siempre podamos morar en él y él en
> nosotros. Amén.

Bendición

"Bendito sea el Dios y Padre de nuestro Señor Jesucristo, que nos bendijo con toda bendición espiritual en los lugares celestiales en Cristo" (Ef. 1:3). Una oportunidad importante para el ministerio de la iglesia y de quienes ministran en su nombre, ocurre en las ocasiones en que se invoca la bendición de Dios. Aunque hay muchas ocasiones para transmitir bendición, se ofrece especialmente cuando se establecen pactos, se marcan hitos y se cumplen metas. La bendición de Dios se pide en bodas; aniversarios; en la consagración de niños y niñas y sus padres; en el pasaje de la niñez a la adolescencia y luego a la adultez; al comienzo de nuevas aventuras de educación, servicio, o negocios; al jubilarse; en despedidas; y en otros momentos.

Transmitir la bendición de Dios es una valiosa práctica que está profundamente integrada en la Biblia y en la costumbre cristiana. Ante la abundancia de la bondad de Dios, procuramos su bendición e invocamos la generosa provisión y bienestar que Dios tiene para las personas, sus emprendimientos, y actividades. En el Antiguo Testamento, el propósito de la bendición era la fertilidad (por ej., Gén. 1:22, 28). La Biblia nos incita a buscar y esperar la bendición de Dios para que haya frutos en una variedad de situaciones y actividades.

Buscar la bendición de Dios abarca y recurre a la bondad de Dios que fortalece y sustenta la vida. La bendición fundamental de Dios fue espontánea e incondicional, ya que "el mundo ha sido creado bueno porque Dios es bueno y provee todo lo necesario para la vida".[51] La bendición fluye de los continuos y dinámicos procesos de la vida que fueron puestos en movimiento en la creación, y de la promesa que Dios está con nosotros en cada circunstancia (Salmo 139, Mt. 28). La posibilidad de la vida misma es una consecuencia de la bendición de Dios sobre toda la creación. "Los bendijo Dios y les dijo, 'Fructificad'" (Gen. 1:28).

De esta inagotable fuente de bondad, buscamos evocar e invocar la ventura y la provisión de Dios en todo lo que hacemos. También hay situaciones ceremoniales donde se usan palabras y actos especiales que, en la experiencia del pueblo de Dios, transmiten y contribuyen a que se manifieste la bendición de Dios. Por ejemplo, Núm. 6:24 invoca la bendición de Dios con estas palabras: "Jehová te bendiga y te guarde; Jehová haga resplandecer su rostro sobre ti y tenga de ti misericordia; Jehová alce sobre ti su rostro y ponga en ti paz".

Las siguientes palabras y acciones se nos encomiendan como expresiones poderosas de la bondad de Dios, que confieren poder; son medios por los cuales se manifiesta esa bondad en nuestra experiencia humana. Es el testimonio del pueblo de Dios a través de muchos siglos que unas palabras cuidadosamente elegidas, unos actos ceremoniales, y los agentes humanos que hablan y actúan en nombre de Dios, se combinan para que la bendición de Dios se manifieste en una amplia variedad de experiencias humanas. Buscar la bendición de Dios sirve para estimular nuestra imaginación y ampliar nuestras expectativas en cuanto a "Aquel que es poderoso para hacer todas las cosas mucho más abundantemente de lo que pedimos o entendemos" (Ef. 3:20).

Pero estas palabras y acciones no son mágicas; no son efectivas en sí mismas ni se cumplen por sí mismas. Buscamos la bendición de Dios por fe sin dar por sentada la bendición o disminuir nuestra responsabilidad para lograr el bienestar. Sin embargo, el testimonio de la Biblia, y del pueblo de Dios a través de las edades, es que palabras y actos especiales de bendición, y las personas que los invocan, sirven para que Dios manifieste su bendición sobre nuestras vidas.

El ejemplo y ministerio de Jesús determina y enriquece el ministerio de bendecir en la iglesia. Recordamos la bendición de Jesús sobre el agua que fue transformada en vino en la boda de Caná, la bendición del pan y de los pescados en la alimentación de la multitud, la bendición de niños y niñas, y la bendición del pan y la copa en la Ultima Cena. También reconocemos el mandato de Jesús de bendecir a aquellos que nos maldicen (Lc. 6:28) y la bendición pronunciada sobre los pobres, los dolientes, y los que son perseguidos por causa de Jesús (Mt. 5:11). Para Jesús, bendición es más que éxito y bienestar como los entiende el mundo; incluye más que la comodidad de las ganancias materiales o la ausencia de sufrimiento. Para la comunidad de creyentes, cada bendición que se busca y se recibe se funda en la realidad de la cruz y la victoria de la resurrección de Cristo, y es un anticipo del cumplimiento escatológico de las promesas de Dios.

A continuación se mencionan ocasiones específicas en que la bendición de Dios puede invocarse:

Matrimonio y Soltería. "Creemos que la intención de Dios es que la vida humana comience en familias y sea bendecida por medio de familias". "Las familias de la fe están llamadas a ser una bendición para todas las familias de la tierra". El contexto de culto en que se realiza una boda, los cantos, las oraciones, y la ceremonia, proveen múltiples oportunidades para buscar las bendiciones de Dios sobre la pareja, sus familias, y la congregación reunida. La bendición de un matrimonio incluye gozo en el compañerismo, fidelidad para guardar los votos matrimoniales, valor frente a la adversidad, frutos de servicio, y fertilidad si la pareja tendrá hijos. También debemos recordar que estas bendiciones de matrimonio no deben ser expresadas como si aquellos que no están casados estuvieran excluidos de la bendición de Dios, porque "sostenemos que dentro de la iglesia como familia, se aprecia por igual ser soltero o estar casado".[52]

La bendición de niños que entran en el cuidado de la familia de la iglesia y en cuanto a su desarrollo. Es una tradición que ha permanecido en el tiempo que los niños pequeños sean traídos delante del pueblo de Dios para que Dios los bendiga (Lc. 2:22; 18:15 a). Este momento también es apropiado para que los padres renueven su compromiso de ser padres piadosos. Algunas congregaciones también han encontrado valioso renovar esta consagración en ocasión de etapas cumplidas y metas alcanzadas en la vida de los niños, como empezar la escuela, celebrar el decimosegundo cumpleaños, o la graduación de la secundaria. En algunas congregaciones donde las personas pasan adelante para recibir la comunión, los niños son invitados a pasar con sus padres para recibir una bendición.

Nuevas etapas educacionales, de empleo, o de negocios. Cuando las personas inician estas nuevas aventuras tal vez decidan pedir a Dios su bendición sobre sus planes, que sus esfuerzos sean fructíferos para la obra y el reino de

Dios, y que puedan ser buenos mayordomos del tiempo, de los recursos naturales, y de cualquier ganancia financiera que puedan obtener.

Jubilación. A medida que las personas van culminando trabajos importantes y profesiones, haríamos bien en buscar la bendición de Dios para ellos por sus logros. También deberíamos pedir para ellas la gracia y sabiduría necesarias para ajustarse a una nueva vida, y para que sigan experimentando las bondades de la vida, y encuentren oportunidades de servicio.

Aniversarios. Los aniversarios de bodas, y de trabajo y servicio, o aniversarios que marcan logros importantes (por ej., sobriedad de un alcohólico) son ocasiones muy apropiadas para evocar cómo Dios ha bendecido nuestras vidas. Por cierto provocan expresiones de gratitud y afirmación, y recuerdan a todos la bendición que resulta de mantenernos fieles a nuestros pactos.

Despedidas y envíos. En esta era de crecientes movilizaciones es bueno que encontremos más maneras de buscar la bendición de Dios para las personas que se trasladan a otras partes. Estos movimientos a menudo ocasionan sentimientos de pérdida y duelo, pero debemos reconocer por igual que Dios va con ellos y que Dios no nos deja solos.

Casamientos

Un casamiento cristiano es un culto público de alabanza en el que se reconoce el compromiso de dos personas que realizan el pacto de amarse mutuamente en fidelidad y vivir juntos en el amor de Dios para bien de ambos. Es Dios quien une a la pareja, pero las personas que asisten a la boda están de acuerdo, con su presencia, en ofrecerles aliento y apoyo.

El contenido y carácter del culto de casamiento deben ser adecuados para un culto de alabanza y adoración y la ceremonia debe ser dirigida por la ministra o el ministro que solemniza la boda. Sin embargo, hay buenas razones para que la novia y el novio cumplan un papel importante en la planificación del culto. Su participación puede resultar una experiencia fructífera de aprendizaje que aumente su comprensión de los significados más profundos del matrimonio. Haber involucrado a la pareja en los planes y las palabras que se pronuncien en la ceremonia puede aumentar su grado de participación en el culto y hacerles sentir que es especial para ellos.

Una boda tiene un significado profundo e inmediato tanto para la pareja como para sus seres queridos, de modo que se requiere mucha discreción pastoral para lograr que el culto refleje verdaderamente a la pareja, colocándolo al mismo tiempo dentro del marco de referencia teológico y litúrgico más amplio. Históricamente, el papel de una ceremonia es unirnos con otros y ofrecernos mutuamente palabras y gestos que compartimos. Los pueblos occidentales modernos tratan hoy de crear ceremonias especiales que aíslan a las personas de los ritos tradicionales y acentúan su individualidad. Cada pareja es una expresión de un modelo universal. Si la pareja escribe sus propios votos, igualmente deben expresar valores que son compartidos por todas las bodas cristianas.

El culto no tiene por qué ser elaborado o costoso para ser significativo y hermoso. La tendencia de nuestra cultura es hacer en las bodas un despliegue ostentoso. La presión para que así sea es tan fuerte que la ministra o el ministro hará bien si autoriza y alienta a las parejas y sus familiares a planear una boda sencilla.

Una boda es en primer lugar un culto de adoración y

alabanza. Las personas se reúnen para dar gracias a Dios por el amor dado a un hombre y a una mujer, para pedir la bendición de Dios sobre sus votos, y para comprometerse a apoyar a la pareja en sus intenciones. Los planes para la ocasión deben tener en cuenta este triple propósito.

Algunas veces las parejas solicitan tener comunión. La Cena del Señor es intrínsecamente comunitaria, de modo que si se celebra, toda la congregación debe participar. Esto es complicado en nuestra sociedad pluralista porque habrá no cristianos o cristianas entre los asistentes. En caso de haber comunión, se debe informar a los invitados y las invitadas sobre el significado de la Cena del Señor.

Las costumbres menonita en cuanto a las bodas han cambiado mucho. Puede decirse, sin embargo, que tradicionalmente en las bodas se ha seguido un mismo orden de culto—canto de la congregación, lectura de la Escritura, y predicación. La pareja, en general sin acompañantes, entraba junta mientras se iniciaba el culto, a menudo mientras se cantaba un himno. Este modelo es recomendable porque pone en claro que la boda es un culto por el cual se alaba a Dios y se pide su bendición sobre la pareja. Por medio del canto de himnos y otros actos similares, la congregación se torna parte indispensable de lo que sucede. En algunas áreas donde residen menonitas, las bodas son parte del culto normal del domingo. El acto de "entregar a la novia" es una institución anglosajona sin raíces en la tradición menonita. En la reforma contemporánea de ritos matrimoniales, la mayoría de las denominaciones recomienda que la pareja entre junta. Han surgido nuevas maneras en que los padres y las familias bendicen a la pareja.

Por ser la persona que preside en las bodas tanto de miembros como de quienes no lo son, la ministra o el ministro debe desarrollar una relación pastoral con la pareja antes y después de la boda. Las fechas para la consejería premarital, que incluye preparación para el matrimonio y planes para el culto, como también para un seguimiento pronto después de la boda, han de ser programadas por la ministra o el ministro.

Si un ministro o una ministra recibe el pedido de oficiar en una boda en una iglesia donde él o ella no están sirviendo como pastores, la cortesía profesional exige que la invitación no sea aceptada a menos que venga con el consentimiento del pastor en cuya iglesia la boda tendrá lugar. El ministro o la ministra oficiante debe sugerir a la pareja que su propio pastor o pastora esté incluido.

Ya sea que la boda se realice en la propia iglesia o en otra parte, las políticas de la congregación en cuanto a bodas, recepciones, el uso del edificio, y los costos deben ser conocidos por la pareja y ministro(s) o ministra(s) en el momento de hacer las gestiones para la ceremonia.

Las leyes matrimoniales difieren. Antes de aceptar presidir en una boda en cualquier jurisdicción, la pastora o el pastor debe informarse en cuanto a las leyes a fin de cumplir correctamente con las mismas. La persona que preside tiene la responsabilidad de comprobar que los documentos sean firmados y entregados de vuelta prontamente.

La pastora o el pastor y la pareja deben aclarar entre ellos cuál será la hora en que el culto deberá comenzar realmente. El uso de música, velas, flores, y otros símbolos deben ser revisados con cuidado para que las selecciones sean apropiadas para una boda y un culto de alabanza y adoración a Dios. La complejidad de los sistemas familiares que pueden incluir la presencia de padres divorciados o vueltos a casar, como también hijos de anteriores uniones, hace importante que se aclare el papel de los miembros de la familia en el culto. Los novios tienen que negociar estos temas con el pastor o la pastora y con sus familias antes del ensayo.

Un orden de culto impreso es útil cuando se incluye la participación de la congregación y los nombres de los acompañantes de los novios. Tomar fotos con *flash*, o la presencia de fotógrafos moviéndose de un lado al otro durante la ceremonia es perturbadora.

El ministro dirige el ensayo de la boda. Las sugerencias de cambios en la ceremonia durante el ensayo deben venir sólo del novio y la novia. Es bueno comenzar el ensayo con oración.

No es necesario que todo el culto sea ensayado palabra por palabra, sino la entrada, la ubicación de quienes participan, los movimientos, señales, y un ejemplo de las palabras que se pronunciarán contribuirán a crear un sentimiento de confianza en cuanto a lo que pasará durante el culto. As, quienes participan se sentirán más libres al actuar en la boda misma.

Himnos:
- HWB 12
- HWB 305
- HWB 307
- HWB 604
- HWB 623
- HWB 624
- HWB 625
- HWB 626

Pasajes bíblicos:

Génesis 1:26-31 a	Marcos 10:6-9
Salmo 67	Juan 15:9-17
Salmo 112:1-6	Romanos 12:1-2, 9:13 (14-20)
Salmo 148	1 Corintios 13
Cantar de los Cantares 2:10-13	Efesios 5:21-32
Tobías 8:4-8	Colosenses 3:12-17
Mateo 5:1-10	1 Juan 4:7-12 (13-19)
Mateo 22:35-40	

Ayuda visual:
Si la congregación cuenta con un estandarte festivo especial para bodas en colores neutros, el mismo puede ser desplegado. Es costumbre que la pareja escoja flores, plantas, velas, y otros símbolos visuales. La pastora o el pastor puede sugerir simplicidad. Si alguno de los padres de la pareja ha fallecido, se podría pensar en un simple recordatorio, como una vela encendida, una flor o una planta.

La Ceremonia de Casamiento

Preludio
Música procesional (si no es un himno, puede ser seguida por un himno)
Invitación a la comunidad

Gracia y paz nos acompañen en esta hora, de Dios nuestro Padre, y del Señor Jesucristo. Amén.
Nos hemos reunido en la presencia de Dios
    para ser testigos de la boda de _____
    y _____ y para pedir a Dios que los bendiga.
Esta boda es una celebración del matrimonio, que es un don de Dios por el cual dos personas se transforman en una sola carne.
Es una celebración de su promesa de ser mutuamente leales,
    sin reservas y sin fin.
Es una celebración de un nuevo tiempo en su vida
    y de su responsabilidad de transmitir la fe y los valores
      que sustentan
    a la generación que vendrá tras ellos.
_____ y _____ desean colocar este día y sus vidas bajo el gobierno de Cristo.
Oremos que, con la ayuda de Dios, puedan lograrlo.

Oración de apertura
Bendito Dios,
    tú nos has enseñado por medio de Jesucristo que
    el amor es el cumplimiento de la ley.
Concede a estos, tus siervos,
    que amándose mutuamente
    puedan continuar en tu amor
    hasta el fin de sus vidas;
    por Jesucristo, nuestro Señor. Amén.

Música
Escritura
Sermón
Música
Las promesas (los novios y sus acompañantes se ponen de pie)
L: _____, ¿prometes darte a _____, para ser su esposo:
> para amarla, consolarla, respetarla, y protegerla; y dejando atrás a todas las demás, ser fiel a ella mientras ambos estén vivos?

Novio: Sí, lo prometo.

L: _____, ¿prometes darte a _____, para ser su esposa:
> para amarlo, consolarlo, respetarlo y protegerlo; y dejando atrás a todos los demás, ser fiel a él mientras ambos estén vivos?

Novia: Sí, lo prometo.

L: Ustedes, padres / hijos [de previas uniones] de las familias de _____ y _____, ¿dan su bendición a este matrimonio?

Familias: Sí.

L: ¿Promete la congregación hacer todo lo que está a su alcance para respaldar y apoyar a este matrimonio?
P: Lo prometemos.

Votos
Novio: Yo, _____, te tomo, _____ para que seas mi esposa.
> Prometo delante de Dios y estos amigos ser tu amante y fiel esposo,

compartir contigo en la abundancia y la necesidad,
en el gozo y en la tristeza,
en la enfermedad y en la salud,
y unirme a ti para que juntos podamos servir a Dios y
a los otros,
mientras ambos estemos vivos.

Novia: Yo, _____, te tomo, _____ para que seas mi esposo.
Prometo delante de Dios y estos amigos ser tu
amante y fiel esposa,
compartir contigo en la abundancia y la necesidad,
en el gozo y en la tristeza,
en la enfermedad y en la salud,
unirme a ti para que juntos podamos servir a Dios
y a los otros,
mientras ambos estemos vivos.

Los anillos pueden ser intercambiados en silencio o entregados con las siguientes palabras:
Novio: _____, te doy este anillo como símbolo de mi promesa.
Con todo lo que soy y lo que tengo, prometo honrarte.

Novia: _____, te doy este anillo como símbolo de mi promesa.
Con todo lo que soy y lo que tengo, prometo honrarte.

Pronunciamiento
Declaro que ustedes son ahora esposo y esposa, en el nombre del Padre, del Hijo, y del Espíritu Santo.
Amén.
Lo que Dios ha unido nadie lo separe.

Bendición de la pareja (la pareja puede arrodillarse y el ministro puede poner las manos sobre sus cabezas)
Dios los bendiga y los guarde;
Dios haga resplandecer su rostro sobre ustedes
 y tenga de ustedes misericordia;
Que la presencia de Dios los envuelva
 y les dé paz. Amén.

Oración
Dios de misericordia,
> te agradecemos que por tu tierno amor hayas
> enviado a Jesucristo a nosotros,
> para nacer de una madre humana,
> y para hacer del camino de la cruz
> el camino hacia la vida.

Te agradecemos también por consagrar la unión del hombre y la mujer en su nombre.
Por el poder de tu Santo Espíritu,
> derrama abundantes bendiciones sobre
> _____ y _____.
> Defiéndelos de todo enemigo. Condúcelos a una
> completa paz.
> Permite que el amor que sienten el uno por la otra
> sea
> un sello sobre sus corazones, un manto sobre
> sus hombros, y una corona sobre sus frentes.
> Bendícelos en sus trabajos
> y en su compañerismo;
> cuando duerman y cuando despierten;
> en sus alegrías y en sus tristezas;
> en su vida y en su muerte.
> Finalmente, por tu misericordia, condúcelos hacia
> aquella mesa donde tus santos celebran banquete

para siempre en tu hogar celestial;
por Jesucristo, nuestro Señor, quien nos enseñó a
orar, diciendo, Padre Nuestro...[53]

Bendición de la congregación
La gracia de nuestro Señor Jesucristo,
  el amor de Dios,
    y la comunión del Espíritu Santo sean con todos
    nosotros. Amén.

Himno (al retirarse o música instrumental antes de la salida)
Postludio

Otros Recursos para Casamientos

Bendición de parte de los padres
L: ¿Quiénes presentan ahora a este hombre y a esta mujer para su casamiento y bendicen su unión?
Padres: Nosotros.

Votos:
Novio: Yo, _____, te recibo, _____,
  para que seas mi esposa,
  desde ahora y para siempre;
  en las buenas, en las malas,
  en la riqueza, en la pobreza,
  en la enfermedad y en la salud,
  para amarte y cuidarte
  por el resto de nuestras vidas,
  de acuerdo con la santa ley de Dios.
  Este es mi voto solemne.

Novia: Yo, _____, te recibo, _____,
    para que seas mi esposo,
    desde ahora y para siempre;
    en las buenas, en las malas,
    en la riqueza, en la pobreza,
    en la enfermedad y en la salud,
    para amarte y cuidarte
    por el resto de nuestras vidas,
    de acuerdo con la santa ley de Dios.
    Este es mi voto solemne.

Bendición de la pareja
Bendito eres, maternal Dios,
que en tu gran amor nos creaste varón y mujer
e hiciste de la unión de esposo y esposa
una imagen de la unión entre tú y tu pueblo.
Enviaste a Jesucristo entre nosotros,
haciendo que tu amor fuera visible en él.
para traer nueva vida al mundo.

Manda a tu Espíritu Santo para que
derrame abundantes bendiciones sobre _____, y
_____,
que en este día se han entregado
el uno a la otra en matrimonio.

Bendícelos en sus trabajos
y en su compañerismo;
    en su sueño y en su despertar,
    en sus alegrías y en sus tristezas;
    en su vida y en su muerte.

Dales el don y la herencia de hijos
de acuerdo con tu voluntad,
y haz de su hogar un recinto de paz.

Bendícelos
para que al observar sus vidas juntos todos puedan tener
en la comunidad de tu pueblo
una visión de tu reino en la tierra.
Y finalmente, en el cumplimiento de los tiempos,
recíbelos en la gloria de tu presencia.
En el nombre de tu Hijo Jesucristo. Amén.[54]

La Consagración de Padres y Párvulos

El nacimiento de una niña o un niño tiene que ver con la obra de Dios tanto en la creación como en la redención. En el acto de consagración, alabamos a Dios "Tú formaste mis entrañas; me hiciste en el vientre de mi madre. Te alabaré, porque formidables y maravillosas son tus obras" (Salmo 139:13-14 a). En este acto también colocamos al niño recién nacido en una relación con el cuerpo de Cristo. La naturaleza de esta relación ha dado lugar a desacuerdos entre iglesias que bautizan párvulos y las que no lo hacen. Para estas últimas, el acto de consagración es una declaración de que la obra de expiación de Cristo incluye a todos y todas los que nacen, que permanecen en un estado de gracia hasta la edad en que son responsables de sus actos cuando asumen su propia fe en Cristo o eligen otro camino. Cuando los niños y las niñas son presentados a Dios y a la iglesia, son puestos al cuidado de la iglesia. Si sus padres son cristianos, los niños pueden crecer en la fe de sus padres. En el culto de consagración, los padres se comprometen ellos mismos a cumplir con este llamado.

Jesús tomó a los niños y las niñas como modelos de fe (Mc. 10:13-16). Sus naturalezas dependientes y confiadas los hacen receptivos a la presencia de Dios en sus vidas. Las familias y la iglesia tienen la tarea de nutrir esta fe y de preparar a los niños y las niñas para mayor madurez en su vida cuando presten atención al llamado de Cristo y acepten dedicar sus vidas a Cristo.

La consagración de padres y niñas y niños debe ubicarse en medio de la asamblea que se congrega normalmente el domingo, en uno de los primeros domingos en que el párvulo es traído a la iglesia. Los padres, lo mismo que la congregación, deben estar preparados de antemano para las promesas que están a punto de hacer. Puesto que tanto los padres como la congregación deben dedicarse a velar por el bienestar material y espiritual del niño, este culto puede tener valor sólo para padres que tienen una fe viva en Cristo y participan activamente en la iglesia. A veces esto sucede sólo con uno de los padres; si el otro miembro de la pareja no se opone al compromiso que asume la otra parte, el culto de consagración todavía tiene el valor que se le asigna (1 Cor. 7:12-14). Lo mismo ocurre, por supuesto, cuando un niño o niña vive solamente con uno de sus padres. Las iglesias que bautizan creyentes no acostumbran a nombrar padrinos ni madrinas porque es una costumbre que se asocia con el bautismo de párvulos. En la mayoría de los casos, la congregación cumple la función de padrinazgo y asume esa responsabilidad. Sin embargo, no hay ninguna razón teológica para eliminar a los padrinos o las madrinas, si éstos, igual que los padres, tienen una fe viva en Cristo y son participantes activos en la iglesia. Si esto no es así, el acto de consagración pasa a ser un rito social que desplaza la intención esencialmente espiritual. Este culto es el inicio del peregrinaje cristiano.

Himnos:
    HWB 89
    HWB 479
    HWB 480
    HWB 620
    HWB 621
    HWB 622

Pasajes bíblicos:
    Marcos 10:13-16   Lucas 2:21-40

Ayuda visual:
   Piense en la posibilidad de crear una bandera o póster (de trozos de tela, pintados, bordados, etc.) que puede exhibirse cada vez que la congregación consagre a un párvulo. Uno de los símbolos visuales más potentes en la consagración es el pastor o la pastora sosteniendo al niño. El pastor o pastora pueden caminar entre la congregación con la criatura en brazos presentándola a la familia de la iglesia mientras la congregación canta un himno de bienvenida. Los hermanos y hermanas del nuevo niño pueden ser invitados a pasar al frente con los padres y el niño. Una flor, como por ejemplo, un pimpollo de rosa, puede anunciar el nacimiento o consagración de una criatura.

El Culto (padres y pastor/a se paran juntos ante la congregación)
Pastor(a): Cuando los padres cristianos presentan a Dios a su niño(a) delante de la congregación,
    agradecen a Dios por la vida que se les ha confiado,
    ofrecen su niño a Dios de vuelta y piden aDios que bendiga su vida juntos.
Nosotros, la congregación, venimos a compartir el gozo,
    a orar con ellos por el bienestar de la criatura y a recibirla para cuidar de ella.
Como Ana y María de antaño, ustedes han traído a su niño(a) para consagrarlo(a) a Dios.

Ustedes han venido a poner a _____ en los
potentes y tiernos brazos de la providencia de Dios
y del cuidado de la iglesia.

Oración
Dios de amor:
como un padre que nutre a sus hijos
has cuidado de nosotros;
como una madre nos has llamado por nuestros nombres
y has reclamado que somos tuyos y tuyas;
nos has creado con amor,
colocado en familias humanas,
y bendecido en nuestro peregrinaje.
En la presencia de tu Espíritu
consagramos a este niño (a esta niña) y a estos padres
para su peregrinaje juntos en la vida,
en el nombre de Jesucristo, nuestro Salvador. Amén.[55]

Preguntas (a los padres)
L: ¿Aceptan ustedes a su niño(a) como un regalo de Dios?
Padres: Sí, lo acepto / lo aceptamos.

L: ¿Están dispuestos a dedicarse como padre(s) a criar a su hijo(a) enseñándolo(a) y amonestándolo(a) en el Señor preparándolo(a) para que un día confiese libremente a Cristo?
Padres: Sí, lo estoy / lo estamos.

L: ¿Promete(n) entregar voluntariamente a su niño(a) al ministerio que Dios tiene para él / ella), aunque sea ir hasta los confines de la tierra?
Padres: Sí, prometo / prometemos.

[Opcional para padrino/s o madrina/s:
L: ¿Se ocuparán de que este niño sea formado en la fe de la iglesia, y mediante sus oraciones y testimonio, de guiarlo(a) hasta que alcance la estatura de Cristo?
Padrino(s) o madrina(s): Sí, lo haré /lo haremos.]

L: *(a la congregación)*: ¿Aceptan la responsabilidad de velar por el bienestar de esta criatura, apoyarán a sus padres con sus oraciones, ejemplo y palabras, para orientarlo(a) a fin de que un día responda a la gracia y verdad de Cristo?
Padres: Sí, aceptamos.

Acto de Consagración
L: <u>(nombres de los padres o del padre o madre)</u>, que Dios, que ha confiado esta criatura a su cuidado, les otorgue todo el amor necesario para criarla.
Quiera Dios concederles vivir una vida fiel al evangelio delante de sus hijos para que ellos puedan conocer el camino del reino.

(El pastor o la pastora toma a la criatura en sus brazos y ora:)
_____ el Dios que te ha creado, que envió a su Hijo para redimirte, y a su Espíritu para morar en ti,
    que este Dios te guarde, te capacite para buscarlo, encontrarlo y conocerlo.

(El pastor o pastora coloca una mano sobre la cabeza del niño o niña y ora:)
_____, Dios te bendiga y te guarde;
Haga resplandecer su rostro sobre ti,
    y tenga de ti misericordia.

Que la presencia de Dios te envuelva
   y te dé paz. Amén.

Otros Recursos para la Consagración de Padres y Niños

Palabras alternativas para la consagración
(a)
Dios de Amor, acepta a _____, quien ha sido
   traído(a) a ti para ser consagrado(a).
Concede que ella / él crezca en años,
      que pueda también crecer en la gracia y el
         conocimiento del Señor Jesucristo.
Por la influencia de tu Santo Espíritu, que
   pueda llegar a ser un hijo de Dios,
      y te sirva fielmente todos los días de su vida.
Lo pedimos por medio del mismo Cristo que vive y
   reina contigo y con el Espíritu Santo, un solo Dios
   por todos los siglos. Amén.
   (seguido de la bendición de Aarón)

(b)
_____, que el amor de Dios, la gracia del
   Espíritu de Cristo,
y la fraternidad del pueblo de Dios
   bendigan tu vida.

Oración por un niño o niña adoptados
Dios, tú nos has adoptado a todos nosotros como tus hijos. Te damos gracias por _____, que ha llegado para bendecir a esta familia y por los padres que lo/la han recibido como propio/a. Por el poder de tu Espíritu Santo, llena su hogar de amor, confianza y comprensión, en el nombre de Jesús. Amén.[56]

Oración pronunciada por los padres
Nuestro Padre Celestial, te agradecemos por nuestro/a niño/a. Aceptamos a _____ como una encomienda sagrada. Danos recursos divinos para nutrir, amar, aconsejar, enseñar, entrenar, demostrar. Danos tu Espíritu con fortaleza y sabiduría. Permite que nuestro/a niño/a un día reciba a Jesús como su Salvador y Señor. Ponemos en tus manos a _____ para que lo(a) guardes por tu poder, para que lo(a) ocupes en tu servicio, y finalmente, para que lo(a) recibas en tu presencia. Por Jesucristo, nuestro Señor. Amén.[57]

Se pueden hallar más recursos en HWB 791-792.

Otros Cultos de Bendición

Cada una de las siguientes actividades puede tener lugar en un culto público, en un grupo pequeño, o en privado. Hay una larga tradición menonita que está a favor de celebrar aniversarios de plata, oro, y diamante como ocasiones especiales. Cuando tiene lugar uno de estos actos de bendición en medio del culto usual, lo indicado es que quienes participan pasen juntos al frente del salón de reunión para que se preste especial atención a quienes han venido para recibir la bendición de Dios. Algunos gestos pueden acompañar cada una de estas ocasiones:

- Unción (véase la sección **Unción**)
- Intercambio de la paz (el beso santo, un abrazo, un apretón de manos)
- La señal de la cruz. Los protestantes generalmente han rechazado esta antigua y primitiva señal cristiana por asociarla con el exagerado ceremonialismo existente en la iglesia medieval. Esta comprensible reacción no

debería ser determinante en la práctica por parte de los menonitas de hoy en día de una evocación de Cristo tan profundamente simple. Los ministros pueden trazar la cruz en la frente de la persona, o pueden hacer la señal de la cruz sobre el cuerpo de la persona (sin tocarla), comenzando en la frente, yendo hacia debajo del esternón, y luego de un hombro hacia el otro, generalmente repitiendo a la vez las palabras "En el nombre del Padre, y del Hijo, y del Espíritu Santo. Amén". El acto es modesto, una mediación sin palabras de la presencia del trino Dios.
- Extendiendo una o ambas manos sobre la cabeza o los hombros de la persona.

Las palabras y oraciones pueden ser pronunciadas por una o por todas las personas presentes.

Bendición de una Vida de Celibato

Aunque la iglesia siempre ha aceptado que celibato y soltería son igualmente adecuados en el servicio del Señor, el protestantismo pocas veces ha ofrecido recursos pastorales a personas que tratan de discernir la validez de su llamado, o afirmado públicamente a quienes creen que pueden servir mejor a Dios de tal manera por un tiempo limitado, o de por vida. Esta ceremonia brinda la posibilidad de una variedad de usos, entre otros, cuando un matrimonio termina pero la persona no está dispuesta a buscar otra relación, o como parte de un llamado a un ministerio que puede incluir un envío u ordenación. La ceremonia puede ser pública o privada.

L: Porque así como el cuerpo es uno y tiene muchos miembros,
y todos los miembros del cuerpo, aunque muchos, son un solo cuerpo,
así es con Cristo.[59]
Porque en un Espíritu fuimos todos bautizadosen un cuerpo—judíos o griegos, esclavos o libres—
y a todos se nos hizo beber de un Espíritu.
Ahora bien, hay diversidad de dones, pero el Espíritu es el mismo.
Y hay diversidad de ministerios, pero el Señor es el mismo,
Y hay diversidad de actividades, pero Dios, que hace todas las cosas en todos, es el mismo. (1 Cor. 12)

Jesús dijo en cuanto al celibato,
"No todos son capaces de recibir esto, sino aquellos a quienes es dado.
Hay eunucos que nacieron así del vientre de su madre,
y hay eunucos que son hechos eunucos por los hombres,
y hay eunucos que a sí mismo se hicieron eunucos por causa del reino de los cielos.
El que sea capaz de recibir esto, que lo reciba. (Mt. 19:11-12)
Nuestra hermana / hermano, _____, cree que ella / él está llamado(a) a una vida de celibato.
¿Estás resuelto/a a seguir a Cristo en el espíritu del
Evangelio de tal manera que tu vida toda pueda ser un testimonio fiel del amor de Dios
y una señal convincente del reino de los cielos?
Respuesta: Sí, lo estoy.

Oración
Permita Dios el Señor que llamó a Abraham y a Sara a salir sin saber dónde iban te pastoree a ti en tu peregrinaje y te conduzca por senderos seguros.
Que Dios el Hijo, quien en su vida terrenal a menudo estuvo solitario, sea tu constante compañía.
Que Dios el Espíritu que nos ayuda en nuestra debilidad te enseñe a orar como debes y te fortalezca en santidad de vida. Amén.[58]

L: Tú eres parte de una compañía de escogidos dentro de la grey de Cristo.
utre tu amor a Dios alimentándote de Cristo y de su Palabra.
Fortalece ese amor siendo moderado/a, isciplinado/a, estudiando la Escritura, y orando.
Encamina tus pensamientos hacia las cosas de Dios.
Tú has muerto y tu vida está escondida con Cristo en Dios.
Recibe la nueva vida que te es dada.
Sé lleno/a de amor hacia el mundo. [59]

Aclamación (expresada primero por el candidato o la candidata, y luego por quienes han hecho similares promesas, y finalmente por toda la asamblea)
Sostenme, Señor, de acuerdo con tu promesa, y viviré. No permitas que viva en vano.

(La persona recibe el presente de una Biblia o una cruz de parte de quienes están reunidos.)

L: Recibe esta Biblia / cruz, como una señal de devoción a Cristo y al camino que nos trazó. Ve en paz.

Compromiso de matrimonio

L: Tengo el placer de anunciarles el compromiso de matrimonio de _____ y _____ [hijos de _____, de la iglesia _____]. Oremos por ellos en cuanto a su preparación para el casamiento.

Lectura de un pasaje de la Escritura (Job 5:8-9); Cantar de los Cantares 2:10-12; Salmo 37:5)

Oración de Compromiso (Sara y Tobías, héroes de un romance del Libro de Tobit (Dios Habla Hoy, La Biblia con Deuterocanónicos, versión popular) [cap. 8], pronunciaron juntos esta oración al final del día de su boda.)

L: Alabado seas, Dios de nuestros antepasados,
    alabado sea tu nombre por siempre.
       Que el cielo y la creación entera
        te alaben por todos los siglos.

P: Tú creaste a Adán y le diste a su esposa Eva como compañera y apoyo.
    Y de ellos dos nació todo el género humano.
    Tú dijiste: 'No es bueno que el hombre esté solo.
    Le voy a hacer alguien que sea una ayuda adecuada para él".

Pareja: Ahora nosotros nos tomamos uno al otro, no por deseos impuros sino con intenciones sinceras.
       Concédenos que hallemos misericordia
       y podamos envejecer juntos.

Todos: Amén.

Aniversario de Bodas

Escrituras apropiadas: Mateo 5:3-16; 1 Corintios 13; 1 Juan 4:7-19.

En sus votos matrimoniales ustedes se prometieron mutuamente amor y fidelidad,
    compartir en la abundancia y en la necesidad,
        en la alegría y la tristeza, en la enfermedad y la salud, unidos para servir a Dios y a otros.
Esta es una ocasión para dar gracias por las mercedes recibidas,
    por las promesas que han guardado, por las faltas que han perdonado, por las esperanzas a las cuales se han aferrado.
Nos unimos a ustedes para agradecer a Dios por su invariable amor hacia ustedes
    y por el firme amor que sienten uno por el otro
    [y para con sus hijos o hijas].

Oración
Alabado seas, Dios, autor de los tiempos y de las épocas de la vida.
Te damos gracias por el don del tiempo
    y por todos los días en los cuales tu ayuda ha venido a estos hijos tuyos.
Perdona sus pecados (*silencio*),
    aumenta su amor,
        permite que su vida juntos sea un símbolo de la unión entre Cristo y la iglesia.
Concede que puedan llegar a envejecer juntos. En el nombre de tu único Hijo, nuestro Salvador. Amén.

Viudez
Escrituras apropiadas: Salmo 71:6-9 y Juan 14:1-3.

Oración
Eterno Dios, eterno amigo, tu amor es más fuerte que la muerte.
Lloramos con _____, la pérdida de _____, su compañero/a en la vida.
Sin embargo, recordamos con gratitud sus años juntos. En momentos de desolación envía tu consuelo,
en momentos de soledad envía tu Espíritu a acompañarle,
en momentos de necesidad envía amigos.
Sostén a _____ en esperanza y con la promesa de un nuevo cielo y una nueva tierra,
> tu morada y la nuestra.

En el nombre de Jesucristo, quien murió y resucitó por nosotros. Amén.

Separación
Escrituras apropiadas: Salmo 31:1-5 y Mateo 10:29-31.

Oración
(Esta oración puede ser ofrecida para ambos individuos juntos, para ambos por separado, o para la persona que pide bendición.)
Dios misericordioso, tú nos hiciste el uno para el otro,
> para una vida en la cual el amor siempre ha de tener la última palabra.

Cuando nuestro amor se queda corto y no puede sanar,
> recurrimos a tu amor para pedirte perdón y esperanza.

Habla a _____ en su pena.
Quita de él / ella / ellos toda amargura, concede paz y la promesa de sanidad.

Permite que el corazón de_____ se mantenga por encima de todo lo demás en la esperanza de la venida de tu reino.
[Te presentamos a sus hijos, _____, y los ponemos en tus manos.
  Sostenlos y protégelos de todo mal.]
Por los méritos de Jesús, nuestro Buen Pastor. Amén.

Jubilación / Ancianidad
Escrituras apropiada: Éxodo 20:8-11; Salmo 71:6-9; Salmo 103:1-14, 17-18; Mateo 10:29-31; Eclesiástico (Sirácida; Dios Habla Hoy, La Biblia con Deuterocanónicos, versión popular) 44:1-15.

Oración
Eterno Dios, tú hiciste nuestro mundo bueno, y dispusiste los tiempos para nuestra labor y nuestro descanso.
Tú nos hiciste el uno para el otro,
  y nos diste talentos para ser usados para el bien
    de todos (imaginación al crear, persistencia
  al hacer, sabiduría al hablar, compasión
    al responder].
A todos los que vienen a Cristo, tú les das dones para la edificación de tu iglesia y el bien del mundo
  [perseverancia en la oración, poder para sanar,
  valentía para obedecer, gozo en el testimonio].
Concede a nuestra hermana / hermano _____ que pueda percibir todas las buenas cosas que has realizado en y a través de ella / él.
Concédele satisfacción por las tareas cumplidas.
Prepárala/o para nuevas tareas en tu reino.
Concédele los ojos de la fe para ir hacia donde el amor lo / la llama.
En el nombre de Jesús, nuestro Poderoso Señor. Amén.

Enfermedad Terminal
Escrituras apropiadas: Isaías 43:16-21; Isaías 44:3-4; 1 Corintios 15:49; Salmo 31:14-16; Salmo 73:23-26

Oración
Recibe una bendición para todo lo que deberás enfrentar,
    que el amor disipe tu temor,
        que puedas abandonarte perfectamente a la voluntad de Dios,
        y que la paz y el contentamiento puedan reinar en tu corazón,
        y que por tu intermedio puedan extenderse por toda la faz de la tierra.
La bendición de Dios,
    Dador de Vida,
    Sufrido en el Dolor,
    Hacedor del Amor,
    Creador y Sustentador,
    Liberador y Redentor,
    Sanador y Santificador,
sean contigo y con todas las personas que amas, vivas o ausentes,
    ahora y para siempre, por Jesucristo nuestro Señor.
    Amén.[60]

Despedida
L: Si un miembro padece, todos los miembros se duelen con él, y si un miembro recibe honra, todos los miembros con él se gozan. (1 Cor. 12:26)
    Hoy _____ deja/n nuestra ciudad / vecindad y congregación para ir a otro lado.
    El / ella / ellos ha/n compartido nuestra fe, nuestras luchas, nuestras satisfacciones.

En su búsqueda, _____ se preparó / se prepararon para un nuevo tiempo en su vida.
Bendecimos la decisión que ha / han tomado.

Aunque estamos tristes por su partida, interpretamos la salida de _____ como un envío.
Viniste / vinieron a nosotros, ofreciste tus dones / ofrecieron sus dones, y recibiste / recibieron los nuestros.
Toma / tomen lo que recibiste / recibieron entre nosotros, para pasarlo a otras personas.
Al salir, lleva / lleven las buenas nuevas de lo que Dios ha hecho en Cristo.
Encuentra / encuentren una comunidad en la que pueda / puedan vivir lo que hemos compartido.
Recuerda / recuerden a quienes seguimos sirviendo aquí, para apoyarnos con su amor y oraciones así como nosotros haremos contigo / con ustedes.

Oración
Anciano de Días, tú eres nuestro camino y nuestra meta.
En ninguna parte estamos perdidos cuando estamos contigo.
Hoy pedimos que bendigas a _____.
Inspira en él / ella / ellos nuevas respuestas a tu llamado.
Dale / dales tu protección en tiempos de inseguridad.
Concédele / concédeles siempre la certeza de pertenecerte.
En el nombre de Jesús. Amén.

Bendición
El Señor te guardará de todo mal, él guardará tu alma.
El Señor guardará tu salida y tu entradadesde ahora y para siempre. (Salmo 121:7-8)

Bendición de una Casa de Reunión

La congregación se reúne por fuera de la puerta de entrada. (En caso de tiempo inclemente, algunos representantes de la congregación pueden llevar a cabo este acto.)

L: ¡Alzad, puertas, vuestras cabezas! ¡Alzaos vosotras, puertas eternas!
P: y entrará el Rey de gloria!
L: ¿Quién es este Rey de gloria?¡El Señor, fuerte y valiente, el Señor, poderoso en batalla!
Todos: ¡Alzad, puertas, vuestras cabezas! ¡Alzaos vosotras, puertas eternas! para que pueda entrar el Rey de gloria!
L: Dios Todopoderoso, gracias por habernos hecho a tu imagen
para compartir en el ordenamiento de tu mundo.
Recibe la obra de tus manos en este lugar
que ahora apartamos para alabarte y adorarte
    para edificación de los vivos,
    y el recuerdo de los muertos,
    para alabarte y dar gloria a tu nombre,
    por Jesucristo, nuestro Señor. Amén.[61]

La congregación entra con un acto apropiado de alabanza. En el culto que sigue, puede usarse la letanía de dedicación.

Letanía de dedicación

L: Para el ministerio de la palabra, para la alabanza y adoración de tu nombre, para dar y recibir consejo, para participar en las ordenanzas de la iglesia …
P: Dedicamos esta casa.
L: Para advertir en cuanto al pecado, para invitar a la salvación,

para proclamar el consejo de Dios...
P: Dedicamos esta casa.
L: Para consolar a quienes lloran, para ayudar a quienes sufren tentación, para fortalecer a quienes son débiles, para celebrar con quienes están alegres...
P: Dedicamos esta casa.
L: Para estudiar las Escrituras, para discernir la voluntad de Dios, para transmitir la fe...
P: Dedicamos esta casa.
L: Para expresar desacuerdo cuando se hace mal, para proclamar paz cuando la violencia amenaza, para elevar el canto que inspira el Espíritu en nosotros...
P: Dedicamos esta casa.
L: Para que tú mores y nos fortalezcas...
P: Nos dedicamos.
Todos: Gracias sean dadas a Dios por medio de nuestro Señor Jesucristo. Amén.

Bendición para bodas, ordenaciones, y otras oportunidades
Que la presencia del Espíritu de Dios y del pueblo de Dios,
  en (*la ocasión*) de _____ (y _____),
  esté sobre ti / ustedes para protegerte / protegerlos
  debajo de ti / ustedes para sostenerte / sostenerlos
  delante de ti / ustedes para guiarte / guiarlos
  detrás de ti / ustedes para animarte / animarlos
  a tu lado / al lado de ustedes para nutrirte / nutrirlos
  dentro de ti / dentro de ustedes para fortalecerte / fortalecerlos
  Amén.[62]

Para diversas ocasiones
(a)
Que el Santo Espíritu more en tu alma.
Que Cristo llene tu corazón y mente.
Que Dios te sostenga en su amor, gracia, y paz.
Amén.[63]

(b)
La bendición de Dios sea contigo / con ustedes,
La paz de Cristo sea contigo / con ustedes,
el Espíritu sea derramado sobre ti / sobre ustedes, ahora y siempre. Amén.[64]

(c)
Que Dios nos bendiga siempre.
Que Cristo siempre brille a través de nosotros.
Que el Espíritu siempre repose sobre nosotros. Amén.[65]

Por un hogar
La bendición de una casa puede ser un acontecimiento anual, o realizarse cuando se inaugura una nueva residencia. La persona que ministra y otros invitados se reúnen a la entrada y reciben la bienvenida de sus anfitriones.

L: Comencemos en el nombre del Padre,
       del Hijo, y del Espíritu Santo.
P: Amén.

La persona que ministra traza la señal de la cruz sobre la puerta.
P: Que esta puerta esté abierta en hospitalidad;
       que siempre se abra para servir.

Un miembro de la familia enciende una vela.
P: Que la luz de Cristo siempre brille en este hogar

Un miembro de la familia ofrece una Biblia.
P: Que la palabra de Dios siempre sea escuchada y obedecida en este hogar.
L: Que el Espíritu Santo bendiga este hogar.
P: La mezcla y la albañilería.
L: La piedra y el ladrillo.
P: Las vigas y la estructura.
L: El techo y el fundamento.
P: La ventana y la carpintería.

[L: Al joven y al anciano.
P: A padres e hijos / hijas.]

Puede ajustarse de acuerdo a quienes viven en la casa.

L: Al amigo, a la amiga, a los extraños.
P: A los vecinos y a los invitados.

Familia: Bendícenos Señor, para que podamos encontrar aquí refugio, paz, y salud.
Haz de nuestra casa un puerto para todas las personas que enteren en ella.
Que todos los invitados sean recibidos como si fueran Cristo.

Todos: El Señor guardará tu salida y tu entrada desde ahora y para siempre.

El Llamado y Dedicación de Líderes

Las raíces de la ordenación vienen de la Biblia hebrea y de las instrucciones dadas a Moisés para consagrar a Aarón y a sus hijos como sacerdotes en la congregación del pueblo de Dios (Ex. 29 y Lev. 8—10). Durante un período de siete días los israelitas cumplían con una serie de prescripciones en cuanto a lavamientos, vestiduras, unciones, sacrificios, comidas, y ofrendas hasta que al final, "Aarón alzó sus manos hacia el pueblo y lo bendijo..., y la gloria del Señor se manifestó a todo el pueblo" (Lev. 9:22-23).

El Nuevo Testamento no da un mandato o prescripción clara para la ordenación como tal, y por lo tanto, algunos la consideran no esencial o incluso inapropiada para la fe cristiana. Sin embargo, hay numerosos ejemplos de Jesús y de la iglesia en cuanto al llamado de personas al ministerio y servicio seguido por una bendición y confirmación de dichas personas para su papel y ministerio específicos. De igual forma, la iglesia "impone las manos" al tiempo que ofrece oraciones de envío y bendición (Hech. 6:1-7; Hech. 13:1-3; 2 Tim. 1:3-7).

El Espíritu Santo está activo en la iglesia y en las vidas de los individuos cristianos. Gradualmente se produce un encuentro entre el llamado interior del individuo al ministerio y el llamado de la iglesia a ese individuo. Por lo tanto, la ordenación no debe depender sólo de la convicción personal de sentirse llamado, aunque esta es indispensable. Es necesario también que la iglesia discierna que la persona posee los dones necesarios del espíritu como para ser ordenado / ordenada. El testimonio acumulado de ambos testamentos es que al elegir sus líderes, la iglesia testifica con el candidato o la candidata que él o ella tiene el llamado, y solicita a Dios que selle ese llamado con la presencia y el poder del Espíritu Santo.

"Ahora bien, hay diversidad de dones, pero el Espíritu es el mismo. Y hay diversidad de ministerios, pero el Señor es el mismo. Y hay diversidad de actividades, pero Dios, que hace todas las cosas en todos, es el mismo" (1 Cor. 12:4-6). En la conversión y el bautismo cada persona recibe el Espíritu y es llamada al ministerio. Nuestro propósito aquí es ofrecer recursos para llamar y apartar un ministerio, que es el de liderazgo. A través de los siglos, la iglesia ha procedido de diferentes maneras para asignar tareas. En la Iglesia Menonita de hoy, reconocemos el llamado al ministerio que se siente como vocación para toda la vida. Lo llamamos ordenación. También reconocemos ministerios que no son de tiempo completo, que usualmente no son para toda la vida, y normalmente están vinculados a un lugar particular. A esto lo llamamos comisionar.

Estamos ahora al final del debate de toda una generación, en nuestra iglesia y más allá de ella, con respecto al significado de ordenación. El proceso de estudio que produjo *Procedimientos de Liderazgo Ministerial en la Iglesia Menonita*,[66] emitió una muy positiva afirmación tanto de los ministerios ordenados como de los ministerios comisionados, en el sentido de que ambos eran beneficiosos para la iglesia. Como la ordenación ha sido sometida a tanto escrutinio, parece importante incluir aquí un resumen del concepto menonita actual sobre el tema.

Es importante destacar que tanto en el ejemplo del Antiguo Testamento como en los acontecimientos del Nuevo Testamento, lo que ocurrió benefició no sólo al individuo o a los individuos consagrados. El acto de apartar a una persona era celebrado por la entera comunidad del pueblo de Dios y se transformó en ocasión para su propia bendición y crecimiento. El liderazgo ministerial no es, por lo tanto, un fin en sí mismo sino un medio que beneficia a la iglesia.

El acto de dar y recibir credenciales para el ministerio tiene que ver con la realización de pactos en la iglesia. Se trata de un pacto de tres direcciones que incluye a Dios, a la iglesia, y a quienes son llamados por Dios y la iglesia a servir en un papel ministerial de liderazgo.

Los pactos no son asuntos privados, si bien son intensamente personales. Establecemos pactos por medio de ceremonias. Llevamos a cabo actos simbólicos para crear un recuerdo del pacto a lo largo de la relación.

El establecimiento de un pacto tiene que ver con intencionalidad y promesas dentro de un mundo pecaminoso y frágil. Quienes se comprometen a entablar una nueva relación por medio de un pacto se prometen fidelidad, lealtad, amor, y cuidado mutuo. En otras palabras, se comprometen a apoyarse mutuamente y además a darse mutuamente razón de sus actos.

Dentro del pacto de ordenación, la persona que recibe credenciales para el ministerio promete servir a la iglesia todo lo bien que sea capaz de acuerdo con las más altas normas del servicio público cristiano. Formula una promesa de fidelidad al evangelio cristiano, de servicio a la iglesia para su bien y para su crecimiento, y de lealtad a su Señor y Salvador, Jesucristo.

La iglesia también hace promesas en el pacto de ordenación. Con sinceridad se compromete en mente, cuerpo y alma a cultivar la fe y el servicio cristianos. Promete fidelidad en el discipulado de Jesucristo, con la guía de las sagradas Escrituras. Ofrece su colaboración en la búsqueda de hacer más vital y efectivo el ministerio de las personas que sirven en su nombre.

Cuando decimos que la iglesia es el contexto del pacto de ordenación y coparticipa en su celebración, siempre nos referimos a la congregación local, a la conferencia regional, y a la denominación. Todas participan activamente en el establecimiento de este pacto por el cual se otorgan credenciales ministeriales.

Procedimientos de Liderazgo Ministerial en la Iglesia Menonita describe el significado de la ordenación de la siguiente manera: "Cuando la iglesia ordena a un hombre o a una mujer para el liderazgo ministerial, quiere manifestar por lo menos lo siguiente:

1. Confirmamos el llamado de Dios a la persona que es ordenada para el ministerio en la iglesia o en nombre de la iglesia. Es un momento en el que la iglesia bendice y celebra los dones que por su gracia Dios ha dado a todos, ya que el ministerio ordenado es parte del ministerio de la iglesia toda.

2. Confirmamos que las personas aportan a la comunidad cristiana dones especiales de liderazgo. Reconocemos su inversión para crecer espiritualmente, relacionalmente, e intelectualmente por medio de estudios especiales para cumplir esta función dentro de la iglesia. Afirmamos la claridad de su identidad como pastores de la iglesia y siervos de Jesucristo.

3. Identificamos a la persona que es ordenada como alguien que representa a Dios en un papel 'sacerdotal' dentro de la comunidad de fe donde todos son sacerdotes que sirven a Dios (Apoc. 1:6, 5:16). Como tales, reconocemos el papel de liderazgo espiritual dentro de la iglesia, un liderazgo que proviene de una auténtica humanidad, y una auténtica espiritualidad disciplinada por una vida de oración, contemplación, y de las Escrituras.

4. Confiamos un oficio de ministerio a la persona que es ordenada. De esa manera potenciamos a la persona a actuar como representante en nombre de la iglesia, con los privilegios y responsabilidades del oficio. Con este oficio ministerial, reconocemos una autoridad que es otorgada para liderazgo dentro de la iglesia. Paradójicamente, las evidencias de sabiduría, competencia, integridad, humildad, y percepción refrendan constantemente esta autoridad.

5. Llamamos a la persona que es ordenada a realizar tareas particulares asociadas con este oficio: predicar y enseñar; dirigir con visión y sabiduría; equipar a los miembros para poner en uso sus dones espirituales; proveer cuidado pastoral, responsabilizarse de las ceremonias de matrimonio, bautismo, la Mesa del Señor; y ayudar a representar a la iglesia en la comunidad local y en la conferencia.

6. Entre la congregación y la persona ordenada, pedimos que exista la responsabilidad mutua de apoyo, respeto, y cuidado. Para la persona ordenada, ser responsable ante la iglesia incluye al menos los siguientes elementos: integridad moral personal, fidelidad en la mayordomía del evangelio, una vida ejemplar de equidad y servicio en relación con los demás, y efectividad en el ejercicio de este

ministerio. La congregación se compromete a orar por la persona ordenada, a darle y recibir consejo de su parte, a apoyarla en su ministerio de liderazgo, y a respetar la autoridad del oficio para el cual el ministro o la ministra han sido ordenados.

7. Declaramos nuestra confianza en la persona que es ordenada proporcionándole una credencial para el ministerio de liderazgo; la credencial es principalmente para servir dentro de la iglesia, y en segundo lugar, para que sea reconocida en la sociedad y por parte del estado.

Una vez finalizado el proceso de elegir y preparar a un candidato, debe informarse con anticipación la fecha de la ordenación para que todos los que tienen algo que ver con el ministerio del candidato o candidata puedan estar presentes. A veces conviene realizar el culto de ordenación un domingo en la tarde para que las personas de fuera de la congregación puedan participar. La ordenación es una de las grandes alegrías de la iglesia y por lo tanto debe ser celebrada. Las preferencias de la persona y las tradiciones de la congregación que ordena y de la conferencia deben tenerse muy en cuenta al planear la ceremonia. El culto de ordenación debe ser enfocado y planeado con la expectativa de que Dios obrará en este culto para bendecir y potenciar a la persona que es ordenada para que cumpla un servicio fiel y fructífero.

En los rituales menonitas y en los de casi todas las denominaciones hay un modelo casi uniforme de presentación, examen, oración de consagración, y entrega de una Biblia. Los candidatos y candidatas a ordenación para la obra misionera, la capellanía, o un ministerio en nombre de una institución, a menudo ministran en contextos sin una congregación. En el Modelo 1 se ofrecen entre paréntesis aspectos de la ceremonia que pueden no ser aplicables a dichos llamados.

Ordenación – Modelo 1

Presentación

L: Hermanos y hermanas, estamos reunidos hoy en la presencia de Dios y de esta asamblea
para ordenar a _____ al ministerio pastoral.
¿Quién presenta a _____ para ser ordenado/a al ministerio?

P: Nosotros presentamos a nuestra hermana / hermano _____
para ser apartado/a para el ministerio [de esta congregación] en el mundo.

[L: Al encomendar a _____ para este ministerio, están dispuestos a sostenerlo/a en el mismo?

P: Estaremos a su lado para andar con él / ella en su llamado.]

Examen (la persona y quien preside se ponen de pie delante de la congregación)

_____, la iglesia es la familia de Dios, el cuerpo de Cristo, y el templo del Espíritu Santo.

Todos quienes se han bautizado están llamados y llamadas a dar a conocer a Cristo como Salvador y Señor,
y a compartir en la edificación de la iglesia y la renovación del mundo.

Ahora tienes el llamado a trabajar como pastor/a, sacerdote/sacerdotisa, y maestro/a.,
junto con todos los y todas las que comparten en el ministerio de Cristo.

Tendrás la tarea de proclamar en palabras y hechos el evangelio de Jesucristo,
y conformar tu vida de acuerdo con sus preceptos.

Himnos:
  HWB 229
  HWB 389
  HWB 395
  HWB 541
  HWB 545
  HWB 632
  HWB 633

Pasajes bíblicos:

Éxodo 3:1-12	Hechos 6:1-7
Isaías 6:1-8	Hechos 13:1-2
Mateo 4:18-22	2 Timoteo 1:3-7

Ayuda visual:
  Aliente el empleo de símbolos visuales que tengan que ver con el llamado de la persona y su compromiso con el ministerio. Podría ser una palangana y una toalla, una colcha, flores o plantas, o una vela.

Amarás y servirás a las personas entre las que trabajas,
   [vivirás con ellas en responsabilidad mutua],
      cuidando por igual de jóvenes y ancianos, fuertes y débiles, ricos y pobres.
Predicarás, declarando el perdón de Dios a los pecadores penitentes,
      pronunciarás la bendición de Dios, presidirás en los bautismos, la Cena del Señor, y otros acontecimientos.
Con todo lo que hagas, estarás alimentando al pueblo de Dios con las riquezas de su gracia,
      y fortaleciéndolo para que glorifique a Dios en su vida y en la vida venidera.

El Llamado y Dedicación de Líderes 157

Pregunta: ¿Crees que has sido verdaderamente llamado/a por Dios y por la iglesia de Dios a este ministerio?
Respuesta: Si, creo que he sido llamado/a para este ministerio.

Preg.: ¿Aceptas el oficio del ministerio que te es confiado por medio de esta ordenación?
Resp.: Sí, lo acepto.

Preg.: ¿Respetarás y te guiarás por las creencias y prácticas de la iglesia menonita [y la obra de esta congregación y conferencia]?
Resp. : Lo haré.

Preg.: ¿Crees que las Santas Escrituras del Antiguo y Nuevo Testamento son la Palabra de Dios y contienen todas las cosas necesarias para la salvación?
Resp.: Sí, creo.

Preg.: ¿Serás fiel en el estudio de estas Escrituras de manera que siempre puedas tener la mente de Cristo?
Resp.: Lo seré.

Preg.: ¿Procurarás ministrar de manera que el amor reconciliador de Cristo pueda ser conocido y recibido?
Resp.: Lo haré.

Preg.: ¿Intentarás ser un pastor o pastora fiel a todas las personas que estás llamado/a a servir, trabajando junto con ellas y con

tus colegas en el ministerio para edificar a la familia de Dios?
Resp.: Lo haré.

Preg.: ¿Harás todo lo que puedas para conformar tu vida [y la de tu familia] de acuerdo con las enseñanzas de Cristo, para que puedas ser un ejemplo saludable?
Resp.: Lo haré.

Preg.: ¿Perseverarás en oración, tanto en público como en privado, pidiendo a Dios gracia, tanto para ti como para otros y otras, y ofreciendo a Dios todo lo que hagas, por intermedio de Jesucristo, y en la santificación del Espíritu Santo?
Resp.: Lo haré.

L: El Señor que te ha dado la voluntad de hacer estas cosas, te otorgue la gracia y el poder para realizarlas.
Candidato/a: Amén.

[L: Hermanas y hermanos, ¿aceptan ustedes su papel de apartar
a _____ para el liderazgo ministerial?
¿Honrarán su llamado y también el de ustedes? (*pausa*)
¿Explorarán las Escrituras y orarán con ella/él? (*pausa*)
¿Hablarán la verdad en amor? (*pausa*)
¿Se unirán a él/ella en la misión? (*pausa*)
P: Lo haremos, por la gracia de Dios.]

Oración de Consagración
(El candidato o candidata se arrodilla y la persona que preside impone sus manos sobre él / ella. Otros se unen en la imposición de manos de acuerdo con la costumbre local.)

L: Dios, en tu amor enviaste a nosotros a tu Hijo, un siervo.
El se humilló a sí mismo por nosotros y aceptó la muerte.
Tú lo levantaste de la muerte para vida eterna.
Te damos gracias por haber llamado a nuestro hermano/nuestra hermana _____, al ministerio de tu Hijo.
Concede a _____ que eche raíces en tu reino profundas y verdaderas,
y valor para poner una confianza radical en tu poder y bondad.
Envía a _____ la presencia de tu Espíritu Santo, sus dones y su guía.
Bendice a _____ con fidelidad en el servicio.
Concédele gracia para cumplir con su llamado, derrama sobre él/ella abundancia de fe, esperanza y amor.
en el nombre del Padre, del Hijo, y del Espíritu Santo.
P: Amén.

Puede continuarse ungiendo al candidato, empleando los recursos que se ofrecen en **Lamentaciones y Sanidades** *y/o lo siguiente:*

L: Amado Dios, tu Hijo fue ungido por el Espíritu Santo, no para ser servido, sino para servir.

Permite que tu Espíritu descienda sobre _____
en plenitud.
Permite que _____ sea un/a ministro/a de tu
amor sanador.
Permite que este aceite sea una señal para _____
de tu presencia y protección.
Yo / nosotros te unjo / ungimos para bendición en
el nombre del Padre, Hijo, y Espíritu Santo. Amén.

La persona que es ordenada se pone de pie y es saludada con el beso santo y / o un apretón de manos fraternal, y estas palabras:
L: Recibe esta Biblia.
Alimenta a la grey de Cristo.
Ayúdales a escuchar y obedecer la verdad de Dios.
Sé un mayordomo fiel de todo lo que Dios te confíe.[67]

Ordenación – Modelo 2

Presentación

Hoy es un día importante para muchas personas,
Especialmente para _____ [para _____
(esposo/a), para _____ (familia), para _____
(congregación)] y para el pueblo de Dios en esta
comunidad y en la iglesia toda.

Hoy reconocemos y afirmamos lo que Dios
ha estado haciendo en tu vida, _____,
en la vida de _____, (congregación),
y en la vida del pueblo de Dios.

Este es un día de celebración, consagración, y compromiso
en el que tú vas a ser ordenado/a al ministerio pastoral
por el poder del Espíritu Santo aquí en _____
(congregación), como parte de esta _____
(conferencia)y donde Dios quiera llamarte dentro de la
iglesia menonita.

_____, Dios ha estado obrando durante toda tu vida, llamándote a ser seguidor/a de Jesús. Tú has respondido a ese llamado.

En años recientes, Dios y el pueblo de Dios han afirmado tus dones de liderazgo y ministerio dentro de la comunidad de fe y en la misión hacia el mundo.

El año (los años) que duró tu licencia fue / fueron para comprobar tu llamado interior y el llamado del pueblo de Dios.

Creciste en tu comprensión del significado de pastorear y en tu sentido de llamado.

Hoy celebramos un llamado particular del pueblo de Dios a un ministerio particular.

Examen

Pregunta: _____, ¿deseas renovar hoy tus votos bautismales de compromiso con Jesucristo como tu Señor y Salvador,

quien, por medio del Espíritu Santo, bautiza con agua y con fuego
y otorga dones espirituales a todos para el ministerio?

Respuesta: Sí, por la gracia de Dios.

Preg.: _____, ¿aceptas el llamado de esta comunidad de fe como un llamado de Dios?

¿Te comprometes con esta congregación a ser representante de Cristo entre ellos, sin temor de guiarlos y aceptando vivir en responsabilidad mutua con ellos?

Resp.: Sí, con la ayuda de Dios.

Preg.: _____, prometes dedicarte a la oración, al estudio bíblico, y a las disciplinas espirituales para que mientras creces en la Palabra y sabiduría de Dios , puedas llegar a ser un agente de misericordia y justicia?
Resp.: Sí, con la guía de Dios.

Preg.: _____, ¿estás dispuesto/a por el poder del Espíritu Santo,
    a trabajar con otros [ancianos, ancianas, diáconos, diaconisas, líderes y lideresas de la congregación] y miembros de esta congregación para que el cuerpo de Cristo pueda ser equipado espiritualmente para crecer hasta alcanzar la estatura de Jesús?
    ¿Te comprometes a apoyar a la iglesia menonita y la tarea de la conferencia, manteniendo un espíritu abierto y dispuesto a recibir y dar consejo dentro de la congregación, e igualmente dentro de la conferencia?
Resp.: Sí, por el poder del Espíritu Santo.

[Preg.: _____, (esposo/a), _____ (candidato) ha sido llamado/a para servir como ministro/a ordenado/a de _____ (congregación)
    Reconocemos también que tú posees muchos dones y te invitamos a compartirlos como un miembro aquí.
    El pastorado es un llamado, y en consecuencia tu vida se verá muy afectada por el pacto que _____ (candidato) está haciendo con esta congregación.

El Llamado y Dedicación de Líderes 163

¿Alentarás a _____ (candidato) a usar sus dones
pastorales, y le apoyarás en la forma que
corresponde en Cristo?
Esposo/a: Sí, lo haré.

L: _____, hemos escuchado tus promesas.
Ahora, en nombre de éstos, tus hermanos y hermanas
aquí en _____ (congregación),
y en nombre de _____ (conferencia),
te ordenamos como ministro/a del evangelio de
Jesucristo y encomendamos a esta congregación a tu
cuidado espiritual.

L (a la congregación): Hermanas y hermanos,
¿aceptan ustedes su papel en el acto de apartar a
_____ para el liderazgo ministerial?
¿Honrarán su llamado y también el de ustedes
mismos? (*pausa*)
¿Buscarán en las Escrituras y orarán con ella / él?
(*pausa*)
¿Hablarán la verdad en amor? (*pausa*)
¿Se unirán con él / ella en la misión? (*pausa*)
P: Lo haremos, por la gracia de Dios.

Oración de ordenación
(La persona se arrodilla y quien preside impone sus manos
sobre él o ella. Otros se unen imponiendo sus manos
de acuerdo con la costumbre local)

L: Señor de la iglesia, mira con benevolencia a tu
siervo/a, a quien ahora dedicamos al ministerio
de Cristo.

Envía sobre _____ el Espíritu Santo para que
pueda ser fortalecido/a por el don de tu gracia
para llevar a cabo con fidelidad la obra del
ministerio.

Permite que _____ abunde en toda virtud: amor
sincero, preocupación por los enfermos y los
pobres, autoridad sin presunción, auto disciplina, y
santidad de vida.

Permite que la conducta de _____ sea un
ejemplo de tus mandamientos.

Permite que ella / él se mantenga fuerte y firme en
Cristo, dando al mundo testimonio de una
conciencia pura.

Permite que _____, en esta vida imite a tu Hijo,
quien vino, no para ser servido sino para servir,
y que un día reine con él en el cielo.

Te pedimos todo esto por nuestro Señor Jesucristo,
quien vive y reina contigo y con el Espíritu Santo,
Dios único por siempre.

P: Amén.

Presentación de la Biblia con estas palabras:

L: Recibe el Evangelio de Cristo, cuyo heraldo eres
ahora. Cree lo que lees, enseña lo que crees,
y practica lo que enseñas.

*La persona ordenada es saludada con el beso de la paz y / o
un apretón de manos fraternal.*[68]

Recursos Adicionales

Letanía de Bendición

Líderes: Bendito es quien creyó que se cumpliría lo que el Señor le habló.

Todos: Que tu espíritu se regocije en Dios que hace grandes maravillas.

Hombre: Que puedas ser la voz de quienes no tienen voz, y animar a quienes están desesperados.

Todos: Que tu espíritu se regocije en Dios que hace grandes maravillas.

Mujer: Que puedas alimentar a los que sienten hambre en su mente y corazón, y despidas satisfechos a quienes se sentían vacíos.

Todos: Que tu espíritu se regocije en Dios que hace grandes maravillas.

Mujer: Que no estés sola, sino que encuentres apoyo en tus luchas, y hermanas que se regocijen contigo.

Todos: Que tu espíritu se regocije en Dios que hace grandes maravillas.

Hombre: Que tu visión sea cumplida, en compañía de nosotros; que tengas hermanos en van contigo en tu caminar.

Todos: Que tu espíritu se regocije en Dios que hace grandes maravillas.

Líderes: Bendito es quien cree que se cumplirá lo que el Señor le ha hablado.

Todos: Que tu espíritu se regocije en Dios que hace grandes maravillas.[69]

Instalación de un Ministro o Ministra

La instalación de un ministro o ministra tiene lugar cuando alguien que ha sido previamente ordenado/a en la iglesia menonita, o cuya ordenación en otra parte ha sido aceptada por la iglesia menonita, recibe afirmación para el ministerio en una congregación particular, que le da la bienvenida, y acepta como su líder o lideresa. Para que la iglesia más amplia participe en el acto de instalación, es adecuado que la ceremonia se realice un domingo de tarde o de noche. Si la persona que es instalada va a predicar en este culto, la instalación debe anteceder al sermón, si otra persona predica, está bien que la instalación se realice después del sermón. Si la instalación tiene lugar inmediatamente después de la ordenación, puede ser abreviada como se desee, siempre que conserve su propósito, que es poner en claro la relación mutua entre el ministro y esta congregación.

Presentación
L: Hermanas y hermanos,
 nos hemos reunido hoy en presencia de Dios y de esta asamblea para instalar a _____ como pastor/a de esta congregación.
 ¿Quién presenta a _____?
P: Nosotros presentamos a _____.
 Creyendo que hemos sido guiados por el Espíritu de Dios,

El Llamado y Dedicación de Líderes 167

>hemos llamado a _____a ser nuestro/a pastor/a.

L: Al encomendar a _____ para este ministerio, ¿están ustedes dispuestos a apoyar a _____ en el mismo?

P: Nosotros apoyaremos a _____en su llamado.

Examen (el candidato o candidata y quienes presiden se ponen de pie juntos delante de la congregación)

Pregunta: ¿Mantienes las promesas que hiciste en tu bautismo y ordenación?
Resp.: Sí.

Preg.: ¿Crees que este llamado y tu aceptación del mismo hsn sido hechos en respuesta a laguía del Espíritu Santo?
Resp.: Sí.

Preg.: ¿Procurarás ser fiel en la oración, en la presentación de las Escrituras, y en la búsqueda del bien para esta congregación?
Resp.: Sí.

Preg.: ¿Procurarás vivir honestamente, abiertamente, y ser justo/a con tus hermanos y hermanas en esta congregación?
Resp.: Sí.

L: (a la congregación): Hermanas y hermanos, ustedes han escuchado el compromiso al ministerio en esta congregación, hecho por _____.
 ¿Reciben a _____ como su ministro/a?
P: Sí.

[Afirmación opcional por parte de ministros colegas de la congregación, ya sea un co-pastor, co-pastora, o miembros de un ministerio plural: Yo (Nosotros/nosotras) te afirmo (afirmamos) como líder de esta congregación, y me ofrezco (nos ofrecemos) para acompañarte en el ministerio.]

Oración de instalación (el candidato o candidata permanece de pie)

L: Dios, tú llamas a tu pueblo a servirte a través de la iglesia.
Bendice el pacto que hemos hecho juntos como pastor y pueblo.
Te damos gracias por el llamado a ministrar que nos
llega a cada uno.
En este día, te agradecemos en especial por el llamado al ministerio pastoral.
Sé una fuente de fortaleza para _____.
Dale los dones del Espíritu: amor, gozo, paz, paciencia, amabilidad, bondad, fidelidad, gentileza y dominio propio.
Atráenos unos a otros en el vínculo de la paz.
"Que el Dios de paz,
que resucitó de los muertos a nuestro Señor Jesucristo, el gran pastor de las ovejas, por la sangre del pacto eterno, os haga aptos en toda obra buena para que hagáis su voluntad, haciendo él en vosotros lo que es agradable delante de él por Jesucristo; al cual sea la gloria por
los siglos de los siglos". (Heb. 13:20-21

P: Amén.[70]

Licencia de un Ministro Previa a la Ordenación

Las personas están listas para ser licenciadas cuando, estimuladas por el Espíritu Santo y la iglesia, han tomado en cuenta la posibilidad del ministerio ordenado, y se han preparado en oración y hecho estudios para ocupar una tarea pastoral. La iniciativa de otorgarle una licencia puede ser tomada por la congregación del candidato o candidata, o por la congregación que le invita a asumir el ministerio en su medio, a fin de explorar sus aptitudes para el ministerio ordenado. La licencia es siempre para un período de prueba por un tiempo determinado, generalmente no menos de un año ni más de dos años. Durante ese tiempo el candidato o candidata y la congregación que le invita comparten un proceso de discernimiento. La licencia es una ceremonia que se hace en el culto normal del domingo, de preferencia después del sermón, que debe tratar el tema de misión y ministerio.

Presentación
L: "Al ver Jesús a las multitudes tuvo compasión de
   ellas, porque
      estaban desamparadas y dispersas como ovejas
      que no tienen pastor.
   Entonces dijo a sus discípulos: 'A la verdad la mies es mucha, pero los obreros pocos. Rogad, pues,
      al Señor de la mies, que envíe obreros a su
      mies' " (Mt. 9:36-38)
   Todos y todas los que escuchan el llamado del
      Señor de la mies
         y entran en el pacto del bautismo
            se transforman en ministros de Cristo.
   Todos reciben el Espíritu; todos reciben dones.

por medio del Espíritu, Dios continúa llamando mujeres y hombres a recibir el don del ministerio ordenado.

Se necesita receptividad espiritual y ejercer día a día las tareas propias del ministerio para comprobar el llamado que una persona ha sentido.

Estamos reunidos aquí en el día de hoy porque creemos que Dios está llamando a _____ al ministerio ordenado.

Los años por delante serán de prueba, para ver si tú, _____,
estás dispuesto/a y eres capaz de seguir este camino, para ver si est ministerio para el cual eres apartado/a es el que Dios y la iglesia te están llamando a asumir.

La congregación y la conferencia han confirmado que has sentido este llamado,

y prometen acompañarte en este tiempo de discernimiento.

Al poner en práctica con fidelidad los propósitos que afirmas aquí, tendrás mayor seguridad de que este esta es la voluntad de Dios para tu vida.

Preguntas (el candidato o candidata y quienes presiden se ponen de pie juntos delante de la congregación)

Pregunta: _____, ¿renuevas tu voto bautismal reclamando la gracia de Cristo, ofreciéndole tu obediencia?

Respuesta: Sí.

El Llamado y Dedicación de Líderes 171

Preg.: ¿Es el deseo de tu corazón servir a Dios de acuerdo con la voluntad de Dios para ti?
Resp.: Sí.

Preg.: ¿Afirmas tu devoción a la iglesia y misión de Cristo? ¿Procurarás crecer en fidelidad a ello, con la guía del Espíritu Santo y la Escritura, en compañía de esta congregación y conferencia?
Resp.: Sí.

Preg.: ¿Estás dispuesto/a a aceptar este ministerio como mayordomía de la gracia de Dios y como preparación para más servicio?
Resp.: Sí.

Oración de bendición (el candidato o candidata permanece de pie)
L: Señor de la creación, Señor de la iglesia,
   Te bendecimos por los dones que das a todos los
      que tú has
      creado, y has llamado por medio de tu Espíritu
         por la causa de tu reino.
   Gracias por _____, por la obra de tu Espíritu en la
      vida de _____,
      por su búsqueda de tu voluntad por encima de todo.
   Concede a _____ un corazón sensible, confianza en tu
      llamado, fortaleza y gozo en las tareas del ministerio que tiene por delante.
   Haznos copartícipes de su ministerio, constantes en brindarle apoyo, amables al criticarlo/a, piadosos en todas las cosas.

Te lo pedimos en el nombre de Jesús, nuestro Siervo y Maestro. Amén

El candidato o candidata es recibido con el beso santo y/o el apretón de manos fraternal.

Declaración
L: _____, estás licenciado/a para el ministerio cristiano en esta congregación
    en el nombre del Padre, del Hijo, y del Espíritu Santo. Amén.
Predica la palabra, ofrece las ordenanzas, da testimonio del evangelio en palabras y hechos.
"Que el mismo Dios de paz te santifique por completo; y todo tu ser –espíritu, alma y cuerpo– sea guardado irreprochable para la venida de nuestro Señor Jesucristo.
Fiel es el que te llama, el cual también lo hará" (1 Tes. 5:23-24)
P: Amén.[71]

Licencia / Envío / Comisión para un Ministerio Específico

Algunas personas sienten un llamado a un ministerio en circunstancias muy específicas. Puede llegarles en un tiempo, lugar, o institución particulares. Tal vez no estén listos o listas para un ministerio profesional de por vida, pero están preparados o preparadas para asumir un papel particular en su circunstancia actual. La obra de la iglesia puede no ser su fuente de ingresos, pero podría ser parte de la vocación de su vida. Históricamente, la tradición de ser a la vez granjero y ministro es un ejemplo honroso. El rol pastoral al cual algunas personas se sienten llamadas puede ser identificado con una institución particular, como una escuela, pero no un pastorado pleno, o para misiones, o capellanía. En tales casos, el apoyo de la iglesia hacia la persona y su afirmación de los dones espirituales de la persona, son cruciales. Las partes entre paréntesis pueden ser omitidas si el ministerio no ha de realizarse en el contexto de una congregación.

Presentación
L: Hermanos y hermanas, estamos reunidos aquí hoy en la presencia de Dios y de esta asamblea para comisionar a _____ al ministerio.
¿Quién presenta a _____ para ser comisionado/a para el ministerio?
P: Nosotros presentamos a nuestra hermana / hermano _____ para ser apartado/a para el ministerio de _____ en el mundo.

[L: Al encomendar a _____ para este ministerio, ¿también le brindarán su apoyo en el mismo?
P: Apoyaremos a _____ en su llamado.]

Examen (El candidato o candidata y quien preside se ponen de pie delante de la congregación)
_____, la iglesia es la familia de Dios, el cuerpo de Cristo, y el templo del Espíritu Santo.
Todas las personas bautizadas son llamadas a hacer conocer a Cristo como Salvador y Señor, y a compartir en la edificación de la iglesia y la renovación del mundo.
Ahora, tú eres llamado/a a trabajar como (nombre del ministerio), junto con todos los que comparten el ministerio de Cristo. Será tarea tuya proclamar en palabras y hechos el evangelio de Jesucristo, y conformar tu vida de acuerdo con sus preceptos.

Tú deberás amar y servir a las personas entre las cuales trabajas, [vivir con ellas en mutua responsabilidad], cuidando por igual de jóvenes y viejos, fuertes y débiles, ricos y pobres. (*La responsabilidad específica del ministerio de la persona puede ser mencionada aquí.*)
En todo lo que hagas, has de nutrir al pueblo de Cristo con los bienes de su gracia,
> y fortalecerlo para glorificar a Dios en esta vida y en la vida por venir.

Pregunta: ¿Crees que verdaderamente tú estás llamado/a por Dios
y por su iglesia a este ministerio?
Respuesta: Sí, creo que estoy llamado/a para eso.

Preg.: ¿Respetarás y te guiarás por las creencias y prácticas de la
Iglesia Menonita [y la obra de esta congregación y Conferencia]?
Resp.: Sí.

Preg.: ¿Crees que las Santas Escrituras del Antiguo y Nuevo Testamento son la Palabra de Dios y contienen todo lo necesario para la salvación?
Resp.: Sí.

Preg.: ¿Te mantendrás fiel en el estudio de estas Escrituras para que puedas adquirir la mente de Cristo?
Resp.: Sí.

Preg.: ¿Te esforzarás por ministrar de manera que el amor reconciliador de Cristo sea conocido y recibido?
Resp.: Sí.

El Llamado y Dedicación de Líderes

Preg.: ¿Harás lo más posible para moldear tu vida [y la de tu familia] de acuerdo con las enseñanzas de Cristo, para que puedas ser un buen ejemplo?
Resp.: Sí.

Preg.: ¿Perseverarás en la oración, tanto en público como en privado, pidiendo a Dios gracia, tanto para ti como para otros, y ofreciendo todos tus trabajos a Dios, por medio de Jesucristo, y por la santificación del Espíritu Santo?
Resp.: Sí.

L: El Señor, que te ha dado la voluntad de hacer estas cosas, te otorgue la gracia y el poder para realizarlas.
P: Amén.

[L: Hermanas y hermanos, ¿aceptan ustedes el papel de apartar a _____ para el liderazgo? ¿Respetarán el llamado al cual él / ella está llamado/a y también el de ustedes? (*pausa*) ¿Consultarán las Escrituras y orarán con él / ella? (*pausa*) ¿Hablarán la verdad en amor? (*pausa*) ¿Colaborarán con él /ella en la misión? (*pausa*)
P.: Sí, lo haremos, por la gracia de Dios.]

Oración de envío (el candidato o candidata permanece de pie)
L: Santo Dios, tu amor por nosotros fue tan grande que Cristo se despojó a sí mismo y su igualdad contigo, tomando la forma de siervo.
Concede a _____ la mente de Cristo; permite que participe en el ministerio de Cristo.

>   Derrama tu Espíritu Santo sobre _____ para que pueda recibir todos los dones necesarios para cumplir fielmente su ministerio.
>   Y ahora, que el Dios de paz que levantó de los muertos a nuestro Señor Jesús,
>   >   el gran pastor de las ovejas, por la sangre del pacto eterno,
>   te haga completo en todo lo bueno, para que puedas hacer la voluntad de Dios, buscando hacer entre nosotros lo que es agradable para Dios, por Jesucristo, a quien sea la gloria por siempre.

P: Amén.

El candidato o candidata es recibido/a con el beso santo y / o un apretón de manos fraternal.

La persona recién comisionada puede recibir el presente de una Biblia si predicar será central en su ministerio. De lo contrario, sería apropiado un regalo que simbolice el enfoque de su ministerio.[72]

Comisión de Diáconos, Diaconisas y Elders

Los antiguos y honorables oficios de diácono y diaconisa datan de los días apostólicos, cuando eran nombrados para representar a la iglesia en el cuidado de los pobres y necesitados (Hechos 6:1-6). Con el paso del tiempo, se les añadieron nuevas responsabilidades, haciendo su tarea más y más vital para la vida de la congregación (1 Tim. 3:8-13). El llamado de los diáconos y diaconisas a "servir las mesas" (Hechos 6) pronto adquirió un doble significado ya que ellos y ellas asistían al presbítero en la preparación y servicio de la Cena del Señor. A esto se agregaron sus papeles de presidir el lavamiento de pies y asistir en el bautismo. Desde la iglesia primitiva en adelante, pasando por la Reforma, los diáconos y diaconisas recibieron encargos de tareas prácticas de supervisión del ministerio hacia los pobres y marginados dentro y fuera de la congregación, y la tarea espiritual de tomar la iniciativa de sanar los desacuerdos y contiendas en la congregación.

El diaconado era el único oficio claramente ofrecido a la mujer en la iglesia primitiva. Esta práctica se comprueba en las fuentes menonitas de los siglos XVII a XIX. Al final del siglo XIX, los menonitas de Alemania, Rusia, y los Estados Unidos reinstituyeron el diaconado femenino como una orden de celibato de la mujer con ministerios en el cuidado de la salud y en la educación. En las comunidades, este celibato dejó de existir, pero mujeres y hombres individuales continuaron creyéndose llamados al celibato diaconal y a otros ministerios y han recibido apoyo formal o informal de parte de la iglesia (ver *Bendición de una Vida de Celibato*).

Hay muchas variaciones en cuanto a lo que se entiende por diaconía y sus responsabilidades. En algunas partes se elige solo un diácono o diaconisa; en otras, hay un diácono o diaconisa por cada cincuenta y tantos miembros. La ordenación para toda la vida era la norma hasta la década de 1960; ahora los diáconos y diaconisas a menudo son comisionados para un cierto tiempo. En algunos lugares, los matrimonios pueden ser comisionados como pareja para el servicio. En tal caso, ambos deben responder a las preguntas y recibir las oraciones. En algunos círculos, el papel de diácono fue eliminado en décadas recientes por su estrecha asociación con la disciplina en la iglesia. Aunque sea necesario reformarlo, el diaconado es un oficio bíblico que reconoce una serie de dones y necesidades en la vida de la congregación y promueve la participación en el ministerio.

En la iglesia del Nuevo Testamento, en algunas partes se nombraban ancianos o presbíteros para el liderazgo de una congregación [Números 11:16-29; Hechos 20:17-38; 1 Timoteo 5:17-22; 1 Pedro 5:1-5]. En la Reforma, los menonitas aceptaron una interpretación del Nuevo Testamento por la cual el anciano era visto como el ministro líder de una congregación o grupo de congregaciones. Los términos "anciano" y "obispo" eran intercambiables. Aparte de unas pocas referencias en la literatura menonita subsiguiente, donde un anciano es descrito como alguien que posee responsabilidades paralelas a las de los diáconos. Esta comprensión de su papel no entró en la corriente menonita más caracterizada sino hasta la década de 1960. Ahora se considera ancianos y ancianas a hombres y mujeres comisionados por la congregación por un tiempo establecido, para colaborar en el ministerio espiritual de supervisión y cuidado pastoral de la congregación.

El siguiente orden de envío o comisión puede emplearse para apartar diáconos, diaconisas y ancianos o ancianas porque tanto los unos como las otras comparten el liderazgo de la congregación con los pastores/as por períodos de tiempo establecidos. Pero en la mayoría de las congregaciones, los deberes son complementarios en lugar de idénticos. Especificar cuál es exactamente la responsabilidad de cada persona debe quedar bien claro para los candidatos.

El Llamado y Dedicación de Líderes 179

Presentación
L: Hermanas y hermanos, nos hemos reunido aquí en la presencia de Dios y de esta asamblea para comisionar a _____ para la tarea de diácono /diaconisa /anciano / anciana en esta congregación.
¿Quién presenta a _____ para esta comisión?
P: Nosotros presentamos a _____ para el ministerio en esta congregación.
L: Al encomendar a _____ para el ministerio, también están dispuestos a brindarle su apoyo?
P: Brindaremos nuestro apoyo a _____ en su llamado.

Examen (el candidato o candidata y quien preside se ponen de pie delante de la congregación)
Pregunta: _____, ¿renuevas tus votos bautismales, reclamando la gracia de Cristo, ofreciendo a Cristo tu obediencia?
Respuesta: Sí.

Preg.: ¿Crees que este llamado y tu aceptación del mismo es una respuesta a la guía del Espíritu Santo?
Resp.: Sí.

Preg.: ¿Confiarás en el cuidado de Dios, mantendrás una disciplina de oración y estudio de la Escritura, tratarás de crecer en amor hacia quienes sirves, y buscarás acompañar el evangelio que profesas con una vida de santidad?
Resp.: Sí.

L: Hermanas y hermanos, ustedes han escuchado el compromiso al ministerio hecho por _____.
¿Reciben a _____ para ser su diácono / diaconisa / anciano / anciana en esta congregación?
P: Sí.

Envío (el candidato o candidata permanece de pie)
L: Santo Dios, tu amor por nosotros fue tan grande que Cristo se despojó a sí mismo de su igualdad contigo y tomó la forma de un esclavo.
Concede a _____ la mente de Cristo; permítele compartir el ministerio de Cristo.
Derrama tu Espíritu Santo sobre _____ para que pueda recibir todos los dones necesarios para cumplir fielmente la tarea de diácono / diaconisa anciano / anciana.
"Que el Dios de paz, que resucitó de los muertos a nuestrom Señor Jesucristo, el gran pastor de las ovejas, por la sangre del pacto eterno, te haga apto en toda buena obra para que hagas su voluntad, haciendo él en ti lo que es agradable delante de él, por Jesucristo; al cual sea la gloria por los siglos de los siglos. (Heb. 13:20-21)

P: Amén.

Declaración
L: _____, tú eres comisionado / a para servir como diácono / diaconisa / anciano / anciana en esta congregación
el nombre del Padre, del Hijo, y del Espíritu Santo. Amén.

Recibe y da consejo, ayúdanos a crecer en la
misión, trabaja por la unidad de la iglesia,
habla la verdad en
amor, sé una persona de oración y de la
Escritura.

La persona es saludada con el beso santo y / o con un apretón de manos fraternal.[73]

Lamentaciones y Sanidades

Es posible que la alabanza y adoración, y el cuidado pastoral estén íntimamente relacionados en las ceremonias de la vida de una congregación que expresan el ministerio de sanidad de la iglesia. Para las comunidades menonitas, entre estos rituales se cuentan tradicionalmente los funerales, la unción con aceite (a menudo reservada para casos extremos de enfermedad física), y (muy raramente) un culto de reconciliación después que haya habido separación de personas o grupos de la iglesia por causa de pecado o conflicto.

En 1995, nos comprometimos a aceptar una declaración de visión que ponía énfasis en la sanidad y la esperanza. El Artículo 10, Nota 3 de nuestra *Confesión de Fe* declara que "La iglesia puede ser un instrumento de sanidad usando la oración y la unción con aceite".

Muchas congregaciones están recuperando el ministerio de sanidad como parte de la vida corriente de la iglesia. Quienes estamos ministrando ahora tenemos oportunidad de resucitar antiguos rituales para una gran variedad de situaciones nuevas, e invitar al Espíritu de Dios a insuflar nueva vida en las mismas, para nuestro tiempo. Dos de las cuatro funciones históricas del cuidado pastoral son la sanidad y la reconciliación. Hoy estamos recuperando estas funciones para nuestro ministerio sacerdotal, en lugar de reservarlas para contextos privados de consejería. Cuando guiamos ceremonias que expresan los ministerios de sanidad de la iglesia, buscaremos proceder con sosegada autoridad, y esmerado cuidado, respaldados con oración y sólida enseñanza bíblica.

En realidad, la ceremonia sanadora que nos es más

familiar es el funeral o el culto en memoria de una persona. En caso de fallecimiento, la ceremonia brinda a la familia, amigos, y comunidad de la iglesia el espacio para expresar dolor y recordar de manera que pueda haber sanidad y consuelo, y al mismo tiempo manifestar nuestra esperanza de vida eterna por medio de la resurrección de Cristo.

Tenemos cada vez más ocasiones de ungir con aceite e imponer las manos a personas que desean sanidad en cuerpo, mente, espíritu, o relaciones. Algunas veces estos cultos tienen lugar en contextos privados, tales como el cuarto de un hospital. En otras ocasiones algunas personas pueden pasar al frente para orar o recibir las oraciones de la comunidad reunida. Aun en otros momentos, la congregación entera puede desear reunirse para rogar a Dios la sanidad de alguna persona o situación particular.

Mediante el ministerio de sanidad de la iglesia, llevamos a la persona o la situación a estar en armonía con el vivificante Espíritu de Dios. Por medio de la oración y la confesión, pueden eliminarse obstáculos de ansiedad, temor, culpabilidad, o relaciones rotas que impiden la sanidad.

Cuando practicamos el ministerio de la iglesia para sanidad, reconocemos que la sanidad de Dios tiene lugar tanto por medio de la atención médica y terapéutica común en nuestra sociedad, como más allá de ellas. Reconocemos que nosotros los humanos somos seres complejos en quienes cuerpo, mente, y espíritu funcionan juntos para bien o en contra de nuestra integridad de maneras que no entendemos totalmente. Experimentamos sanidad cuando se restaura la integridad de nuestro cuerpo, mente, y / o espíritu, y podemos otra vez encontrar nuestro lugar dentro de la comunidad. Creemos que habrá sanidad, pero no damos por sentado que Dios la otorgará de acuerdo con nuestras pretensiones. En cambio, nos mantenemos abiertos a recibir integridad cualquiera sea la forma en que ocurra.

El ministerio de Jesús demostró una preocupación inconfundible por la integridad de las personas en cuerpo, mente, y espíritu—¡los relatos de sanidades ocupan la quinta parte de los evangelios! La sanidad que Jesús obró no solamente curó a los enfermos sino que los restauró íntegramente— para con Dios y sus comunidades de fe. Vez tras vez, Jesús se negó a dividir a la persona en categorías separadas de cuerpo, mente, y espíritu. En episodio tras episodio de sanidad, él atravesaba una y otra categoría restaurando a las personas totalmente e integrándolas plenamente a la comunidad. El ministerio de sanidad de Jesús continuó manifestándose en la iglesia temprana a lo largo de los Hechos de los Apóstoles. Reclamamos este ministerio de la iglesia para el día de hoy.

También reclamamos el poder de lamentar y expresar dolor como preludio de la sanidad. En situaciones tales como abuso físico o sexual, tensiones en la congregación, fracaso en los negocios, pérdida de trabajo, ruptura familiar, o desastre natural, a menudo es necesario lamentarse antes de que pueda empezar la sanidad. Al revivir la iglesia esta antigua práctica, los escritores de los Salmos son nuestros maestros. Los salmos de lamentación contienen (1) una queja o lamento concretos, (2) una reafirmación de que Dios es nuestra esperanza, y (3) gratitud por la bondad de Dios.

Lamentarnos es llevar nuestras experiencias de desorientación a Dios sin disimulo—reconociendo que estamos al borde de la desesperación en nuestra vida personal, familiar, o congregacional, y que las cosas no funcionan como deberían. Algunas veces los ministros y las ministras necesitamos guiar a las congregaciones a clamar, "Dios mío, Dios mío, por qué me has desamparado? ¿Por qué estás tan lejos de mi salvación y de las palabras de mi clamor?" (Salmo 22:1). O "¿Hasta cuándo esconderás tu rostro de mí? ¿Hasta cuándo tendré conflictos en mi alma, con angustias en mi corazón cada día?" (Salmo 13:2-3). Para hacer posible que una congregación lleve tan profunda aflicción a Dios se requiere una función profundamente sacerdotal y pastoral. Por medio de tales expresiones, la congregación puede reconocer las cosas como son y empezar a reavivar su esperanza en Dios, para que la sanidad de Dios pueda fluir aun en medio de situaciones imposibles, paralizantes, y totalmente inaceptables, ayudándonos a dar gracias por la bondad de Dios.

Además de las de de sanidad y lamentación, las ceremonias de conclusión están ganando terreno en nuestras iglesias. Algunas veces estas ceremonias son para celebrar la reconciliación—como cuando una relación rota entre personas o sectores se ha restaurado. En otras ocasiones (divorcio, división en la congregación, conclusión de un proceso por abuso), las ceremonias nos ayudan a reconocer que las personas no han podido volver a estar juntos, y la sanidad ocurre de otras maneras. Cuando las ministras y los ministros guiamos cultos de cierre, lo hacemos respetando que para algunos la situación está lejos de haberse "cerrado". Sin embargo es una importante función pastoral y sacerdotal reconocer que hemos llegado a este punto e invitar a Dios que nos conduzca a niveles más profundos de sanidad.

Ministerio en Tiempos de Muerte

Los orígenes de las ceremonias funerarias se pierden en la neblina de los más lejanos tiempos de la historia de la humanidad. Son diferentes de otros rituales de la iglesia precisamente debido a su naturaleza universal. Las personas las realizan en primer lugar por ser humanas. Es importante para los cristianos tener en cuenta las dimensiones universales de las costumbres funerarias, para poder ser sensibles a las necesidades básicas, conscientes e inconscientes, que los dolientes traen, e identificar los conceptos e interpretaciones que la fe cristiana aporta en cuanto a la realidad de la muerte y la experiencia de duelo.

La actitud cristiana hacia la muerte es inseparable de los relatos bíblicos de la resurrección de Jesucristo y de la experiencia de sus seguidores en cuanto al poder salvador de su transformada presencia. El cuarto evangelio interpreta el ministerio entero de Jesús como una expresión de gloria en la cual la muerte misma es un acto de triunfo. El grito de abandono en Mateo y Marcos, y de resignación en Lucas, reflejan otra percepción de la experiencia de muerte de Jesús.

Es perfectamente adecuado que los funerales cristianos reflejen estas varias dimensiones de la experiencia de muerte. Las expresiones de fe y esperanza frente a la muerte deben dejar espacio para el sentimiento de ansiedad y pérdida. Deben hacer posible el proceso de duelo. Por otra parte, los funerales cristianos no deben ser expresiones desesperadas de angustia y desconsuelo: hay tiempo para la gratitud aun en medio del dolor.

Los funerales cristianos se han formado a través de los siglos con base en una variedad de nociones en cuanto a lo que sucede a aquellos que han muerto. En los primeros siglos, la idea de solidaridad era dominante: la iglesia era un solo cuerpo que marchaba hacia un destino final que nadie, vivo o muerto, había experimentado hasta entonces. Esta visión de las cosas gradualmente dio lugar a una preocupación más individualista en cuanto al destino inmediato de la persona.

Cuando los cristianos nos reunimos frente a la muerte, lo hacemos con la fe, a veces vacilante, de que el amor de Dios por todo lo que ha creado es invariable. El amor de Dios venció el poder del mal, del pecado, y de la muerte en la resurrección de Jesús (1 Cor. 15). Cuando los creyentes mueren, son escondidos con Cristo en Dios (Col. 3:3), esperando la redención de sus cuerpos y de toda la creación (Rom. 8:18-25). Nos atrevemos a confiar en la amplitud de la misericordia de Dios y por lo tanto no dejamos a nadie fuera de su ámbito. Pero en el caso de aquellos que no confesaron a Cristo, hacemos bien en encomendarlos a la misericordia de Dios sin hacer afirmaciones, que en algunos casos hasta pueden violar sus propias creencias. Las porciones del funeral que están entre paréntesis rectos tienen en cuenta esta preocupación.

En un funeral o ceremonia en memoria de una persona fallecida, buscamos la presencia de Dios en nuestro duelo y damos gracias por la vida de la persona que ha muerto en la luz de la gracia de Dios en Cristo. La gracia de Dios es central y está presente en el contenido de toda la ceremonia. Se expresa en el canto de himnos, en la oración, la lectura de las Escrituras, y la predicación. Un obituario y otras reflexiones sobre la vida de la persona deben incluirse en este mismo espíritu. Nos reunimos no por los méritos de la persona fallecida (o la falta de los mismos) sino porque era "un pecador redimido n una pecadora redimida y una oveja del rebaño". Excepto por fuerza mayor, es importante que el culto sea realizado en el lugar donde la persona fallecida se congregaba.

Por mucho tiempo ha existido la tradición en toda la iglesia cristiana de que un aborto o un parto muerto no se consideran muertes ya que la persona no había vivido fuera del vientre materno. Mucha gente de todas las denominaciones enfatiza ahora que esta actitud impide que importantes recursos litúrgicos y pastorales alcancen a las familias dolientes. Más y más familias solicitan ceremonias privadas o públicas para ayudarles en su pena, y para encomendar a Dios una vida que se ha perdido. Cada vida es igualmente preciosa para Dios, pero el carácter de un culto para alguien que ha vivido por más tiempo y desarrollado asociaciones en el mundo será diferente del que se realiza para quien no ha tenido esa oportunidad. Es posible concebir un culto en el hogar, una conmemoración como parte del culto dominical, o un culto especial. Generalmente el hospital acostumbra a cremar los restos de un aborto, y el nacido muerto es enterrado.

Las muertes de un párvulo o de una niña pequeña nos dejan especialmente desconsolados; la primera porque la vida de la persona terminó antes de que pudiera empezar y la segunda porque una vida fue arrebatada después que se habían formado vínculos entrañables. La muerte de un niño o una niño pequeño requiere una ternura especial sin llegar al sentimentalismo. Aunque el culto puede simplificarsse según la discreción pastoral, la proclamación del amor de Dios a través de los diferentes elementos del culto no es menos importante. Todas las partes entre paréntesis rectos pueden emplearse libremente porque creemos que todos los niños y niñas están incluidos en la obra expiatoria de Cristo.

En tiempos pasados, la cremación se practicaba a veces por gente que negaba la posibilidad de vida eterna con Dios y empleaba la incineración del cuerpo para enfatizar el punto. En general, esto no significa lo mismo hoy en día. Cuando la cremación afirma la creencia en la resurrección de los muertos, es una manera aceptable de honrar los restos mortales de una persona. Puesto que somos criaturas de carne y hueso, la mayoría de nosotros necesitamos actos visibles y tangibles para culminar nuestras experiencias profundamente personales. Por lo tanto, aquellas acciones por medio de las cuales expresamos nuestro duelo o nuestra gratitud, y ponemos a la persona que ha fallecido en las manos de Dios, se completan ampliamente cuando ocurre la cremación a tiempo para que la urna esté presente para el funeral.

Las costumbres locales varían en cuanto al velatorio de la persona fallecida. El velatorio puede tener lugar en una empresa funeraria, en la iglesia, o en el hogar. Dependiendo de la cantidad de personas que integran la comunidad del fallecido o fallecida, el velatorio puede tomar de uno a tres días. Es un tiempo valioso no sólo para los más directamente afectados, sino para el círculo más amplio de personas asociadas con ellos, para expresar el duelo, dar gracias, y descargar sentimientos y emociones. Es bueno iniciar o terminar el velatorio con una devoción para los familiares inmediatos y los amigos y amigas.

La simplicidad y la modestia en la selección de un cajón, y la presencia de flores, son terapéuticas. Promoviendo dichas actitudes y sugiriendo cómo ser simple con dignidad, el pastor o pastora pueden liberar a los dolientes de sentirse intimidados por las expectativas de otros y de tratar de compensar con una apariencia externa fracasos no resueltos y separaciones. La sensibilidad pastoral a estas realidades en el momento de la muerte es crucial. Estar asociado a una empresa fúnebre resulta de ayuda a las personas para tomar decisiones prudentes.

Himnos:
   HWB 114
   HWB 170
   HWB 275
   HWB 425
   HWB 519
   HWB 581
   HWB 616
   HWB 636

Pasajes bíblicos:
   Números 6:24-26
   Deuteronomio 33:27
   Salmo 16:9-11
   Salmo 23
   Salmo 90:1-4, 15-16
   Salmo 103:1-4, 10:17
   Salmo 121
   Mateo 5:4
   Mateo 28:5-7 a
   Marcos 15:33-34
   Lucas 2:29-32
   Juan 6:48-51
   Juan 11:25-26
   Juan 14:1-3
   Romanos 8:18-23, 31-39
   Romanos 14:7-9
   1 Corintios 15:20-22,
      42-44 a, 47-49, 51-57
   Filipenses 3:7-11
   Filipenses 4:7
   1 Tesalonicenses 4:13-14
   2 Timoteo 4:6-8
   1 Pedro 1:3-5
   Apocalipsis 7:13-17
   Apocalipsis 14-13

Ayuda visual:
   Las flores son los elementos visuales que se usan generalmente para un funeral o un culto en memoria de una persona. Podrían ser flores de bulbos en un funeral de otoño. Se podría preparar para el velatorio una mesa con recuerdos de la vida de la persona fallecida. Además del obituario, se podrían leer porciones adecuadas del diario personal del fallecido.

Oraciones con una Persona que está Muriendo

Puede ser muy valioso y apreciado orar con la persona o por la persona algunos pasajes de las Escrituras e himnos.

(a)
Señor Jesús,
Mi único Salvador, Mi Eterno Amigo,
Yo sé que te pertenezco en vida y muerte.
Sostenme firmemente; recíbeme en tus brazos. Amén

(b)
Dios de misericordia,
en tus manos tu Hijo Jesucristo
encomendó su espíritu en su última hora;
en las mismas manos
ahora encomendamos a tu siervo (sierva) _____,
para que la muerte pueda ser para él / ella la puerta a la vida
y a la eterna comunión contigo;
por Jesucristo, nuestro Señor. Amén.[74]

Oración con los Dolientes

Apropiada inmediatamente después de la muerte y/o al iniciarse o terminarse el velatorio.

Amado y misericordioso Dios,
confiamos a nuestro hermano / hermana, _____, a tu misericordia.
Tú le amaste mucho en esta vida;
ahora que se ha liberado de todas sus preocupaciones,
dale el gozo pleno en tu presencia.
El viejo orden ha pasado;
recibe a _____ ahora en tu paraíso

donde no habrá más pena,
más llanto, ni más dolor,
sino solo paz y gozo
con Jesús, tu Hijo,
y con el Espíritu Santo,
para siempre. Amén.[75]

Oración al Anunciar la Muerte y los Arreglos para el Funeral en la Iglesia

Es adecuado que un himno acompañe el anuncio.

Señor, tú has sido nuestra morada en todas las generaciones.
Antes que las montañas fueran creadas y antes que hubieras formado la tierra,
desde la eternidad hasta la eternidad tú eres Dios.
Lloramos la muerte [prematura] de nuestro hermano / nuestra hermana.
[_____ redimido/a del pecado por ti, y oveja de tu rebaño.]
Encomendamos a _____ a tu eterno cuidado, creyendo que la pasión de Jesús fue también para _____.
Danos tu consuelo y también a quienes conocieron a _____ con la presencia de tu Santo Espíritu.
En el nombre de Jesús. Amén.

El Funeral

Silencio o música
Himno (durante el cual los dolientes, y si se desea, el cajón, pueden entrar)
Frases de las Escrituras (como Salmo 90:1-2; Juan 14:1-3; 1 Corintios 15:20-22)

Salutación
La paz de Dios que sobrepasa todo entendimiento guarde nuestros corazones y mentes en Cristo Jesús. Amén. Nos hemos reunido para dar gracias a Dios por la vida de nuestro hermano/hermana _____, para buscar consuelo en el tiempo de necesidad, y para acercarnos a la presencia de Dios, cuyo amor no conoce final, en el tiempo o la eternidad.

Oración de Apertura
Señor, nuestro Dios, tú eres grande, eterno, y merecedor de toda nuestra confianza.
Nos das la vida a todos.
Danos ahora tu Espíritu de consuelo y esperanza.
Trae paz a nuestros corazones
para que podamos llevar nuestra gratitud y necesidades a tu presencia sin temor.
En el potente nombre de Jesucristo. Amén.

Obituario (además del mismo o en su lugar, pueden expresarse recuerdos más tarde en el culto)
Himno
Escritura
Sermón
Silencio

Recuerdos de familiares y amigos
(Conviene ser breve. Los recuerdos más informales y extensos son apropiados para una reunión después del culto.)

Oración de Gratitud y Petición
Soberano Dios, con toda tu iglesia te ofrecemos nuestra gratitud

por todo lo que has hecho por la humanidad por medio de Jesucristo.
Dándonos a Jesús para vivir y morir por nosotros
has revelado tu compasivo plan para el mundo y mostrado que tu amor no tiene límites.
Levantando a Cristo de los muertos has prometido que quienes confían en él compartirán su vida resucitada.
Por la seguridad y esperanza de nuestra fe
y por los santos que has recibido en tu eterno gozo
nuestros corazones proclaman gratitud.
Ahora elevamos nuestros corazones en agradecimiento por la vida de _____ ,
que ha partido de entre nosotros,
   por toda tu bondad hacia él / ella en todo tiempo,
   por todo lo que él /ella fue para quienes lo / la amaron,
   y por todo lo que en su vida ha reflejado tu bondad.
[Te bendecimos porque sus pecados son perdonados,
   porque el sufrimiento y la amargura pasaron,
   porque él / ella está ahora a salvo en tu presencia.]
Ayúdanos a confiarlo / la en tus manos, misericordioso Dios.
[danos la certeza de que a tu cuidado está seguro/a.]
Rodea a todos los que hoy estamos llorando, con tu compasión infinita.
No permitas que la pena agobie a tus hijos e hijas para siempre,
o nos haga alejarnos de ti.
Guíanos por el camino seguro en nuestro peregrinaje;

Ayúdanos a vivir de manera que no debamos avergonzarnos cuando nos encontremos contigo en el día final.
Llévanos en compañía de todos los redimidos a tu reino eterno,
por nuestro Señor Jesucristo. Amén.

Anuncios

Encomienda a Dios de quien ha fallecido (la persona que preside puede estar de pie junto al cajón o la urna)
En tus manos, eterno Dios, te encomendamos a [tu siervo/a _____] _____. [Recibe, rogamos humildemente, a este cordero de tu rebaño, oveja de tu redil, pecador/a por ti redimido/a.] Recibe a _____ en tus brazos misericordiosos, [en la compañía de tus santos, en la paz eterna]. Amén.

Bendición de la congregación
La gracia de nuestro Señor Jesucristo, el amor de Dios, y la comunión del Espíritu Santo, sean con todos nosotros. Amén.

Himno
Música

La Entrega

El mismo orden es apropiado para entierro o cremación, si las cenizas son sepultadas. Este culto puede realizarse lo mismo antes que después del funeral.

Los dolientes se reúnen alrededor de la tumba.

Frases bíblicas
(Himno)
Oración
En medio de la vida, estamos rodeados por muerte. ¿Dónde podemos encontrar refugio? Solamente en ti, Señor Dios. No nos dejes caer presa de la muerte; concédenos vida eterna por medio de la muerte y resurrección de tu Hijo. En su potente nombre oramos. Amén.[76]

Entrega
Viendo que la vida terrena de [nuestro/a hermano/hermana],
 _____, ha llegado a su fin,
 entregamos su cuerpo para ser sepultado,
 tierra a la tierra, cenizas a las cenizas, polvo al polvo,
 [confiando en la resurrección a vida eterna por medio de nuestro Señor Jesucristo].

(El cuerpo es bajado a la tumba, cuando eso es posible.)

 _____, Dios te bendiga y te guarde;
Que la faz de Dios brille sobre ti,
 y tenga de ti misericordia.
Que la presencia de Dios te envuelva, y
 te dé paz. Amén.

(Algo de la tierra o toda la tierra es volcada en la tumba, cuando eso es posible)

[Para nosotros este es el fin, para _____ es el comienzo. Por lo tanto, no estemos afligidos como los que no tienen esperanza.

"Dios no nos ha puesto para ira, sino para alcanzar salvación por medio de nuestro Señor Jesucristo, quien murió por nosotros para que vivamos juntamente con él. Por lo cual, animaos unos a otros." (1 Tes. 5:9)]

Bendición
Ahora, que el Dios de paz que resucitó de los muertos a nuestro Señor Jesucristo,
    el gran pastor de las ovejas, por la sangre del pacto eterno, os haga aptos
    para toda buena obra, para que hagáis su voluntad, haciendo él en vosotros lo que es agradable
        delante de él por Jesucristo;
    al cual sea la gloria por los siglos de los siglos.
        Amén. Vayan en paz.

Oración alternativa para encomienda o entrega
L: Concede descanso, oh Dios, a tu siervo/a junto con tus santos,
        donde ya no habrá más lágrimas ni dolor,
        ni lamentos, sino vida eterna.
    Creador y hacedor de la humanidad, tú solo eres inmortal,
        y nosotros somos mortales, formados con tierra,
        y a la tierra hemos de volver:
        porque así lo ordenaste cuando nos creaste, diciendo.
    Polvo eres y al polvo volverás.

P: Todos nosotros y todas nosotras descendemos al polvo, y, llorando,
        sobre la tumba, cantamos nuestro canto:
        Aleluya, aleluya, aleluya

Concede descanso, oh Cristo, a tu siervo/a junto
con tus santos,
> donde ya no habrá más lágrimas ni dolor,
> ni lamentos, sino vida eterna. Amén.[77]

Culto en Memoria de una Persona

Se entiende que previo a un culto en memoria de una persona hubo un funeral cristiano en ocasión del sepelio o de la cremación. El culto en memoria puede hacerse en el mismo sitio, pero si por ejemplo, la persona fallecida había vivido en diferentes partes del país o del mundo, y el funeral se realizó en un lugar, el culto de conmemoración puede hacerse en otra parte. El programa del culto puede ser casi igual al del funeral, pero el espíritu es diferente: la difícil tarea de sepultar a la persona ha pasado, y los deudos pueden poco a poco empezar a dar gracias por la vida de la persona. Los himnos, oraciones, lecturas bíblicas, y el sermón deben reflejar ese hecho, pero no deben tratar de dejar a un lado la realidad de la muerte. Es apropiado dedicar más tiempo a reflexionar sobre el significado de la vida de la persona, pero no debería sustituir el sermón a fin de que el consuelo de las Escrituras y de la gracia de Dios en la vida de la persona ocupe el lugar central en el culto.

Oración de Apertura
Eterno Dios, te alabamos porque en ti vivimos y nos movemos y en ti está nuestro ser.
Te damos gracias por la vida eterna que nos es ofrecida en Jesucristo,
> por medio de su muerte en la cruz y la resurrección que obraste en él.
Te damos gracias por la vida de _____ y por todo lo

que él/ella ha significado para nosotros;
> por aquellas cosas que fueron parte de su vida que reflejaron tu bondad y amor.

Ayúdanos a ponerlo/la en tus manos, para que nuestra pena no llegue a ser insoportable e inacabable.

Danos la certeza de tu amor, fortalece nuestra confianza en tu gracia, y concédenos tu paz,

por Jesucristo, nuestro Señor. Amén.[78]

Oración de Gratitud y Petición

Generoso Dios, fuente de vida, más allá de todo conocimiento y pensamiento, misterioso y profundo:
> te damos gracias porque te hemos visto en
> _____.

Te damos gracias por tu vida en él/ella con todos sus riesgos y compromisos,
> y por tu amor dado y recibido por él/ella entre familiares y amigos;
> por *[compartir pensamientos relacionados con la vida de la persona fallecida]*

Lamentamos su partida porque fuimos enriquecidos por su presencia.

Ayúdanos a ver en su muerte más profundamente el sentido de su vida y de nuestra vida,
> y captar más firmemente la esperanza de que la vida es más larga que nuestros años y que el amor que nos has mostrado en Cristo es más fuerte que la muerte,

por Jesucristo, nuestro Señor. Amén.[79]

Culto en Memoria de una Tragedia Pública

En una ocasión como esta, expresar públicamente la aflicción permite a quienes se han visto afectados prestar atención a la ocasión en forma colectiva y sentir que lo que han vivido no ha pasado desapercibido.

Un culto de conmemoración no es un funeral. Los funerales son personales y están ligados más inmediatamente a la entrega del cuerpo. La conmemoración es parte del proceso de reflexión y sanidad. Los sobrevivientes necesitan tiempo para recuperarse físicamente, así que el culto puede celebrarse lugar tres, seis o aun doce meses después del hecho.

Para la preparación debe haber consulta con los dolientes. Los y las representantes de la comunidad pueden ser invitados a participar. Los nombres de quienes murieron deben ser mencionados en algún momento o estar escritos en el programa del culto. No deben olvidarse a los que fueron testigos y los que ayudaron en el rescate porque ellos también fueron afectados y necesitan sentirse parte de lo que se está expresando. Esto quiere decir que dicho culto deberá ser planeado cuidadosamente y requiere amplia consulta.

Muerte de un Párvulo o Niña
(También es apropiado en caso de un aborto o nacido muerto)

(a)
Dios misericordioso, sanador de corazones
  quebrantados, te pedimos que te compadezcas de tus siervos
  cuya alegría se ha transformado en duelo.

Consuélalos y concede que puedan sentirse más cera uno del otro por la pena que comparten.
Habita en ellos y sé su refugio, por Jesucristo nuestro Señor. Amén.[80]

(b)
Dios todopoderoso, tu no haces nada en vano, y amas todo lo que has hecho.
Consuela a estos padres en su dolor, y consuélalos por el conocimiento de tu amor inquebrantable;
por Jesucristo nuestro Señor. Amén.[81]

Una Muerte Repentina o Violenta

(a)
"Como aquel a quien consuela su madre, así os consolaré yo a vosotros," dice el Señor.
> Confiamos a _____ en tus manos,
> sabiendo que solo tú eres el que puede
> colmar los anhelos de su corazón.

Señor, tú eres el único que puede traer algo bueno de lo malo, así que ahora oramos que hagas que algo bueno resulte de la trágica muerte de _____.
Oramos por todos los que han sido conmovidos por la vida y muerte de _____.
Ayúdanos a escuchar lo que nos estás diciendo a nosotros y nosotras.
Apártanos de todo lo que sabemos que está mal.
Ayúdanos a mostrar amor y comprensión hacia los que nos rodean.
Perdónanos por cualquier forma en que hayamos podido lastimar a _____.

Dios de compasión, tú nos conoces mejor que nosotros a nosotros mismos.
Sana las heridas de nuestro dolor y envuélvenos en tu amor,
por Jesucristo nuestro Señor. Amén.[82]

(b)
Dios todopoderoso,
> sabemos que debemos perdonar a quienes han
> dejado de lado el amor y la justicia,
> pero el dolor y la ira son demasiado grandes para hacerlo.

Por ahora, te pedimos que hagas por nosotros lo que nosotros no podemos hacer:
> perdona a quienes han cometido este crimen y sana
> la falla que hay en ellos.

También oramos que nos ayudes a perdonar,
> para que podamos quedar libres de amargura y
> conocer tu paz,
> por Jesucristo nuestro Señor. Amén.[83]

(c)
Señor Jesucristo, tú hablaste sobre el amor de tu Padrepor todas las gentes;
> ayúdanos a entender que tu amor nunca
> se apartará de _____ ni de nosotros.

Señor Jesucristo, tú luchaste con preguntas sobre la vida y la muerte en Getsemaní;
> ayúdanos a entender que tú comprendes y
> estás presente donde hay angustia.

Señor Jesucristo, tú diste esperanza más allá de la muerte a un moribundo en una cruz;
> ayúdanos a entender que tú no te alejaste
> dejando sin esperanza a _____.

Señor Jesucristo, oramos por nosotros mismos y por todos los dolientes en este momento,
> sabiendo que en ti tenemos un sumo sacerdote
> que comprende nuestras debilidades.

Acércanos ahora al trono de gracia para que podamos recibir misericordia que sea de ayuda ayuda en tiempo de necesidad. Amén.[84]

Confesión en Ocasión de Muerte

Dios de misericordia, nuestro amor es imperfecto y nuestra amistad es inconstante;
perdónanos por las veces que fallamos en nuestra relación con _____.
Por haber dejado cosas sin decir, perdónanos.
Por hablar con ligereza, perdónanos.
Por oportunidades perdidas, perdónanos.
Por cosas que hicimos que habría sido mejor no hacerlas, perdónanos.
Por el amor que no hemos sentido, y el amor que hemos ocultado, perdónanos.
Eterno Dios,
Por tu amor que no falla y ahora sostiene seguro/a a _____,
cubre nuestras faltas, renuévanos y haznos de nuevo, y guíanos hacia el gozo y la unidad de tu presencia,
por Jesucristo nuestro señor. Amén.[85]

Oraciones en Memoria

Estas oraciones son apropiadas para recordar a personas fallecidas; el Día de los Muertos, el domingo antes de Adviento, son ocasiones especialmente adecuadas para recordar y dar gracias por aquellos que han muerto.

(a)
HWB 801, 802, 805

(b)
Llévanos, Señor y Dios
en nuestra última jornada
 a la casa y portal del cielo
para entrar por la puerta
 y morar en aquella casa
donde no habrá más oscuridad
 ni resplandor,
sino una luz perfecta
donde no habrá ruido ni silencio sino una música perfecta
donde no habrá temores ni esperanzas, sino perfecto equilibrio
donde no habrá finales ni comienzos sino perfecta eternidad;
en la habitación de tu gloria y dominio,
mundo sin fin. Amén[86]

(c)
Compasivo Dios,
 tú nos has hecho, y tu amor no se apartará de nosotros,
 nos has conducido hasta el final de otro año de gracia.
Te agradecemos por las personas cuyas vidas hemos compartido en este año.
Lloramos nuestra separación de aquellos que han muerto,
 sin embargo no sin esperanza.
Gemimos con toda la creación por nuestra redención,
 por la venida de tu reino.
Esperamos el retorno de Cristo para completar
 tu tarea en nosotros.
Danos gracia para esperar por él con paciencia, con pasión,
 haciendo sus obras.
Aun así, ven Señor Jesús. Amén.

Unción con Aceite

Una parte importante de la renovación espiritual del siglo XX es la recuperación del ministerio de sanidad en la vida normal de la iglesia. La sanidad no sólo incluye la curación del cuerpo sino que también lleva a la persona entera a una armonía con el Espíritu vivificador de Dios.

Jesús anunció las buenas nuevas del reino de tres maneras—predicando, enseñando, y sanando. Jesús entregó este ministerio triple a los discípulos y a sus seguidores. Sanar es uno de los dones del Espíritu mencionado en listas de dones espirituales del Nuevo Testamento (por ej., 1 Cor. 12). El ministerio de sanidad personal de la iglesia está confeccionado con el mismo material que su tarea en favor de la paz, la justicia, y la sanidad de la comunidad y de la sociedad.

Los cultos de sanidad requieren adecuada preparación. Es importante que las personas que reciben este ministerio perciban que es una manera de ponerse ellas mismas y su aflicción en las manos del Señor, y no como una garantía de su recuperación física o en sustitución de la medicina. El centro de atención de dichos cultos debe estar en Dios, y en los recursos que Dios tiene para sanar a su pueblo. El apoyo de la comunidad, el amor expresado por medio de dichos cultos, y la meditación sobre la bondad de Dios casi siempre producen una sanidad de espíritu o de actitud aparte de una sanidad física. La sanidad física a menudo viene después por causa de la paz de espíritu y por un clima de amor.

La imposición de manos y la unción son símbolos históricos del pedido que en la persona se haga realidad el reino y el gobierno de Dios. La unción en la Biblia fue usada para la consagración de líderes—para potenciar

(Isa. 61:1), para comunicar un espíritu de alegría (Heb. 1:9), como medicina o limpieza, y como un símbolo del Espíritu Santo. Los discípulos de Jesús usaron aceite para ungir al enfermo (Mc. 6:13), y la iglesia temprana continuó esta práctica (Stg. 5:14-15). Ungir con aceite no es algo mágico, sino que es una manera tangible de hablar a la persona enferma sobre el amor de Cristo, de la presencia del Espíritu Santo, y de la solidaridad de la congregación.

A través de los siglos, la unción fue adquiriendo otros significados además de su intención original de sanar y pedir la presencia de Dios en los últimos ritos para los moribundos. En todo el espectro de la denominación, el significado de la unción está ampliándose. El uso creciente del aceite en la cocina, en la higiene y en el cuidado de la salud ha ayudado a hacer del aceite una señal de sanidad en nuestro tiempo.

La iglesia posterior a la apostólica ungía en varias ocasiones, tales como bautismo y ordenación, para vencer la codicia y para fomentar el sometimiento a los propósitos de Dios. Hay referencias en la literatura menonita y bautista posterior al siglo XVI de que se practicaba la unción para sanidad. A principios de este siglo, la unción estaba entre las ordenanzas en la teología menonita influyente de Daniel Kaufman. La unción parece haber sido practicada por todos los grupos menonitas cuando había personas gravemente enfermas que procuraban recuperarse. Generalmente se realizaba en el hogar o en el hospital, con la presencia de un ministro y un diácono junto con la familia de la persona enferma, a veces celebrándose también la Santa Cena. En las reformas litúrgicas de la actual generación, la unción para sanidad también ha sido ofrecida en un culto público, en sí misma o como parte de otro culto, a menudo en conjunto con la Cena del Señor.

La unción puede ser de mucho significado:

- en caso de un desmejoramiento de la salud, de una enfermedad, de una lesión, de enfermedad emocional.
- antes de una operación quirúrgica
- antes de tomar una decisión importante
- cuando alguien ha recibido noticia de una enfermedad terminal
- cuando se solicita en nombre de alguien que no puede hablar por sí mismo/a, por ejemplo, un niño o una persona inconsciente
- cuando hay un quebranto de relaciones

Se necesita discernimiento pastoral para decidir si la unción debe hacerse en público o en privado. Cuando alguien está sufriendo mucho física o emocionalmente, hacerlo en privado ofrece más serenidad. En situaciones cuando la persona está enferma, él o ella probablemente no puede participar en un culto público.

En un culto privado, el centro de atención es una persona, en compañía de unos pocos familiares y amigos. Todos los elementos del culto se vuelven profundamente personales. En un culto público que no es una reunión normal de la congregación el domingo, el culto privado puede ser adaptado para una congregación y para varios individuos que buscan sanidad en la misma ocasión. Cuando el ofrecimiento de unción se incluye en la reunión normal del domingo, puede tener lugar al comienzo o al final de la comunión. La atmósfera intensa e íntima de la Cena del Señor brinda un contexto significativo para la unción. Aquí las personas pasan adelante mientras la congregación entona el canto o la música especial y manifiestan su deseo al ministro o ministra, en base a lo cual se aplica la fórmula de "imposición de manos" del culto privado.

La relación entre pecado y enfermedad es misteriosa y no puede ser reducida a un asunto de causa y efecto. Sabemos que las heridas y los pecados no confesados y la imposibilidad de perdonar afectan la salud de las personas. Sin poner mucha presión en cuanto a esto, debe invitarse a las personas que buscan unción a confesar sus pecados. Cuando la unción es parte de la Cena del Señor, una confesión general de pecado por parte de la congregación puede satisfacer la necesidad de dichas personas. Además, las *Preguntas a la persona que será ungida* pueden imprimirse en el boletín como ayuda para prepararse interiormente para la unción.

El aceite de oliva es tradicionalmente el que se usa para ungir. Se coloca ese u otro aceite en un pequeño envase. Puede agregarse una gota de esencia si no se conocen alergias en las personas. El envase puede tenerse en la mano o colocarse en la Mesa del Señor para que el ministro o ministra pueda mojar un dedo para marcar la señal de la cruz cuando se invoca la Trinidad.

Himnos:
- HWB 145
- HWB 372
- HWB 377
- HWB 378
- HWB 379
- HWB 497
- HWB 606
- HWB 627
- Ver también HWB 627-631

Pasajes bíblicos:
- Salmo 23
- Salmo 25
- Salmo 42
- Salmo 90
- Salmo 91
- Salmo 103:1-13
- Salmo 130
- Mateo 11:25-30
- Marcos 5:21-43
- Marcos 6:12-13
- Lucas 18:35-43
- Romanos 8
- Santiago 5:13-18

Ayuda visual:
Los símbolos de luz—velas, lámpara de aceite—representan la presencia de Cristo. Exhibir un frasco de aceite ayuda a centrar la atención en el significado de la ocasión.

Unción de Enfermos en Privado

(Puede adaptarse a otras clases de unción, como se indica más arriba)

Himno

Introducción

"¿Está alguno entre vosotros afligido? Haga oración. ¿Está alguno enfermo? Llame a los ancianos de la iglesia para que oren por él, ungiéndolo con aceite en el nombre del Señor". (Stg. 5:13-14)

Bienvenida
Oración de Apertura
Todos: Dios de paz,
        tú nos enseñas que en la conversión y en el
        reposo hemos de ser salvos,
        que en quietud y confianza estará
           nuestra fortaleza.
    Por el poder de tu Espíritu levántanos, te pedimos,
      a tu presencia para que podamos estar en
      quietud y saber que tú eres Dios
      por Jesús, nuestro Señor. Amén.[87]

Escrituras
Confesión de Pecado
Todos: "Ten piedad de mí, Dios, conforme a tu misericordia; conforme a la multitud de tus piedades borra mis rebeliones. Crea en mí, Dios, un corazón limpio, y renueva un espíritu recto dentro de mí". (Sal. 51:1,10) (*Silencio*)
L: El Señor ha quitado todos nuestros pecados. La misericordia de Dios dura para siempre.
P: Amén.

Preguntas a la persona que ha de ser ungida
Preg.:   _____, ¿deseas en tu corazón poner tu vida en las manos de Dios en la vida y en la muerte?
Resp.: Sí, lo deseo.

Preg.:   ¿Has pedido a Cristo su presencia perdonadora y sanadora de todas tus debilidades y pecados?
Resp.: Sí, lo he hecho.

Preg.: ¿Has aceptado el testimonio del Espíritu Santo en tu espíritu de que eres un hijo (una hija) de Dios?
Resp.: Sí, lo he aceptado.

[Una sola pregunta para quienes no pueden responder a las anteriores:
Preg.: ¿Confías que el Señor Jesús te cuidará, pase lo que pase?
Resp.: Sí, confío.]

Conversación en privado entre el ministro y la persona sobre sus preocupaciones

Imposición de manos
L: _____, pongo mis manos sobre ti en el nombre de Jesús, rogándole
que te sostenga y llene con su gracia para que puedas sentir el poder
de su amor.[88]

Oración libre basada en las preocupaciones expresadas por la persona enferma y quienes están con él o ella (por el líder y por los asistentes, según sea apropiado)

L (al aplicar el aceite): Te unjo con aceite para sanidad de tu mente, cuerpo, y espíritu
en el nombre del Padre, del Hijo, y del Espíritu Santo. Amén.

Clausura

L: "¿Qué, pues, diremos a esto? Si Dios es por nosotros,
¿quién contra nosotros?

Lamentaciones y Sanidades 213

        El que no escatimó ni a su propio Hijo, sino que lo entregó por todos nosotros,
          ¿cómo no nos dará también con él todas las cosas?

P: Por lo cual estoy seguro de que ni la muerte ni la vida, ni ángeles ni principados ni potestades,
ni lo presente ni lo por venir,
ni lo alto ni lo profundo, ni ninguna otra cosa creada nos podrá separar del amor de Dios,
que es en Cristo Jesús, Señor nuestro. (Rom. 8:31,38)

L: (con las manos sobre la persona ungida): Y ahora,
        a Dios que es poderoso para hacer todas las cosas mucho más
    abundantemente de lo que pedimos o entendemos,
        según el poder que actúa en nosotros,
        a él sea gloria en la iglesia en Cristo Jesús
     por todas las edades, por los siglos de los siglos.   Amén.

    _____, Dios te bendiga y te guarde;
Dios haga resplandecer su rostro sobre ti
    y tenga de ti misericordia,
Que la presencia de Dios te envuelva
    y ponga en ti paz. Amén.
P: Amén.

Himno

Unción luego de un divorcio

Estar vivos es reconocer la posibilidad de sufrir. Nuestra hermana / hermano ha conocido el dolor de la separación, del aislamiento. Creemos que Dios quiere para nosotros salud de la mente, del cuerpo, y de las relaciones humanas. Creemos, también, que toda sanidad depende de Dios. Viviendo con esta fe, reclamamos la promesa divina de sanidad para nuestro hermano /hermana.

_____, eres ungida (o) para arrepentimiento, reconociendo que todos nosotros hemos experimentado y contribuido a alguna forma de ruptura.

_____, eres ungida (o) para que tu fe aumente, que tu confianza en el amor y poder de Dios puedan ser confirmados y fortalecidos.

_____, eres ungida (o) para sanidad, para que sea restaurada en ti la integridad que Dios quiere para todos los que han experimentado dolor.[89]

Más Oraciones para la Unción
(Adaptables a otras necesidades)

(a)

_____, te unjo con aceite en el nombre de nuestro Señor Jesucristo.

Que nuestro Padre celestial te restaure en cuerpo y mente, y te conceda la unción interior de su Espíritu Santo, el Espíritu de fortaleza, gozo, y paz. Amén.

Lamentaciones y Sanidades 215

(b)
Así como eres ungido(a) exteriormente con este óleo santo,
    que la gracia de Dios te conceda la unción interior
        del Espíritu Santo.
Por su gran misericordia, te perdone Dios todos tus pecados,
    te libre de tu sufrimiento,
        y restaure tu integridad y fortaleza.
Dios te libere de todo mal,
    te guarde en todo lo que es bueno,
        y te conceda vida eterna,
            por Jesucristo nuestro Señor. Amén.

(c)
_____, que Cristo, la Luz del mundo
    quite de ti toda oscuridad y todo ataque del mal.
En el nombre de Dios, Padre, Hijo, y Espíritu Santo,
    impongo mis manos sobre ti:
        Dios te llene de su sanidad, luz, y paz. Amén.

(d)
_____, te unjo con aceite en el nombre del Padre, y del
    Hijo, y del Espíritu Santo.
Dios de consuelo, nuestro auxilio en tiempos de necesidad,
    humildemente pedimos que visites y sanes a su
        siervo/a _____.
Concédele la seguridad de tu amor y cuidado;
    sálvalo/a de la tentación y de la desesperanza,
        y dale paciencia en la aflicción y capacítalo/a para
        vivir el resto de su vida en integridad.

(luego, dirigiéndose a la persona, decir:)
Que tu debilidad se transforme en fortaleza,
    tus penas en gozo,

tu enfermedad en integridad, armonía y paz,
mientras pones tu cuerpo, mente y espíritu
al cuidado de nuestro Señor. Amén.

(e)
Dios de nuestra vida y fuente de nuestra salvación,
   nos reunimos rodeando a nuestro hermano /
   hermana _____,
   para pedir que tu obra de sanidad comience en él /
   ella.
Envía tu Espíritu consolador para renovar sus fuerzas.
Sálvalo/a de la desesperanza. Quítale el temor a lo desconocido.
Libéralo/a de odio, vergüenza, o culpa.
Protege a _____ de todo lo que pueda destruir su fe en ti.
Abre su corazón para recibir tu paz.
Alivia su sufrimiento.
Sostenlo/a en tus brazos con tu inmenso amor.
Haz que _____ sienta la presencia sanadora de Cristo en el toque de todos los que le asisten.
Confiamos en tu poder que transforma en vida la muerte, en luz la oscuridad, y en esperanza la desesperación. Amén.[90]

Discernimiento en la Congregación

¿Es realista tomar decisiones en la congregación? ¿Estamos equipados de manera adecuada para hacerlo? ¿O lo que ocurre es sólo una confrontación de opiniones? ¿Por qué sentimos a veces que puede ser uno de los momentos menos sagrados en la vida de la iglesia? Como las situaciones y emociones que entran al tratar de discernir y disciplinar son mucho más conflictivas que en bautismos o comunión, no nos atrevemos a buscar públicamente discernimiento y disciplina.

La *Confesión de Fe en una Perspectiva Menonita* pone énfasis en la importancia del discernimiento en la vida cristiana. En por lo menos tres artículos diferentes se refiere a esta importante tarea. El artículo 14 dice, "De acuerdo a las enseñanzas de Jesucristo y de los apóstoles, todos los creyentes participan del cuidado mutuo y de la disciplina, según sea apropiado. Jesús le dio a la iglesia autoridad para discernir entre lo correcto y lo incorrecto y para perdonar pecados cuando hay muestra de arrepentimiento o para retenerlos cuando no la hay. Por lo tanto, cuando se hacen miembros de la iglesia, los creyentes se comprometen a dar y recibir consejo dentro de la comunidad de creyentes en asuntos importantes de doctrina y de conducta".

Con respecto al llamado a líderes para servir a la iglesia, se reconoce en el artículo 15 que el discernimiento es responsabilidad de la congregación.

El artículo 16 habla del proceso de toma de decisiones tanto dentro de las congregaciones como entre congregaciones de una conferencia, como también en organismos eclesiales más grandes. Se refiere al consenso como forma de lograr unidad en la iglesia. Sobre el consenso dice que "se alcanza cuando toda la iglesia está de acuerdo acerca de un asunto, o cuando aquellos que disienten indican que no desean obstaculizar la decisión mayoritaria del grupo. Consenso no significa necesariamente completa unanimidad".

Sin embargo, todo esto plantea preguntas. ¿A dónde recurrimos en busca de ayuda para entender lo que es el discernimiento y cómo practicarlo en la iglesia? Siendo una tradición cristiana comprometida con el cumplimiento de la Palabra de Dios y las enseñanzas de Jesús, nosotros los y las menonitas creemos que la Biblia debe ser nuestro recurso principal. ¿Cómo hemos de usar, entonces, la Biblia en la toma de decisiones? Reconocemos que no leemos ni entendemos la Biblia en un vacío, sino a través de una tradición que nos ha llegado. Debemos reconocer ese proceso y aceptarlo, manteniéndonos siempre abiertos a la crítica si es apropiado.

Además, la Escritura no siempre ofrece enseñanza directa sobre muchos de los problemas que enfrentamos hoy (por ej., si continuamos o por cuánto tiempo continuaremos admitiendo tratamientos extraordinarios para una persona que está en las etapas terminales que la llevan a la muerte, o cuánto es justo pagar a los empleados, o cuál es el porcentaje de afirmación apropiado para reelegir a un pastor o pastora). Sin embargo, la Biblia es la fuente de autoridad para guiarnos en nuestras decisiones. Reconocemos que el Espíritu Santo (Jn.16:7) nos ayuda a entender mejor la Biblia. Como los discípulos en el camino a Emaús, un encuentro con el Cristo resucitado puede abrir nuestros ojos para comprender verdaderamente la narración bíblica. Hay un proceso continuo de comprensión en el discernimiento. Es lo que Pablo quiere decir cuando habla de la "renovación de su mente".

El asunto es complicado porque además en algunos temas, la Biblia puede ofrecer una serie de opciones en lugar de una palabra definitiva. Si bien Mateo 7:1 nos dice "No juzguéis, para que no seáis juzgados", el apóstol Pablo parece animar a los cristianos de las comunidades a practicar un discernimiento prudente. ¿Será que Jesús, según sus palabras registradas por Mateo, y Pablo, estaba hablando sobre la misma cosa? ¿O el juicio y el discernimiento son a veces cosas diferentes?

La palabra del griego *"krino"* se usa para "juicio" en el texto de Mateo. A menudo tiene el sentido de las decisiones que Dios toma, como también de los juicios que los humanos realizan. Puede referirse al tiempo de la decisión final cuando todos los asuntos del mundo y de quienes están en él sean finalmente registrados por Dios. Es claro que tanto el Antiguo como el Nuevo Testamento entienden que Dios es el único juez verdadero en este sentido final. Sólo Dios puede realizar una evaluación exacta de todos los asuntos. Sólo Dios conoce todos los hechos y motivaciones detrás de las acciones humanas. Los seres humanos basamos nuestros juicios en una información limitada. 1 Samuel 16:7 nos recuerda, "porque Jehová no mira lo que mira el hombre, pues el hombre mira lo que está delante de sus ojos, pero Jehová mira el corazón".

La toma de decisiones y el discernimiento son fundamentales en la historia bíblica. Desde el mismo principio, Génesis nos dice que Dios instruyó a Adán y Eva acerca de cómo vivir en el jardín, ordenándoles que discriminaran entre lo que podían y no podían hacer. Nuestra habilidad para tomar decisiones está relacionada con quienes somos como seres humanos, creados a la imagen de Dios. Josué 24 pide a Israel que recuerde a quién decidirá servir cuando están a punto de entrar en la Tierra

Prometida. Los profetas llaman a Israel a discernir y escoger también. Por cierto, el discernimiento es un asunto clave en el ministerio de Jesús. Aquellos que escuchan sus palabras y ven sus señales se preguntan "¿Qué vamos a hacer con este hombre? ¿Cómo juzgaremos sus actos y palabras?"

"*Dokimaso*" es la palabra del griego a menudo empleada para decir discernimiento en el Nuevo Testamento. Puede significar "probar", "examinar", "interpretar", o "discernir". Su opuesto es "rechazar", como cuando Jesús se refiere al Salmo 118 y a la "piedra que los edificadores rechazaron" que llegó a ser la piedra angular en Mateo 21:42 y sus paralelos. Se usa a veces para indicar un fracaso en el discernimiento (por ej., Rom. 1:28: "no quisieron tener en cuenta a Dios"). A menudo un tiempo de prueba es necesario para que surja la sabiduría (por ej., Lc. 14:19: "He comprado cinco yuntas de bueyes y voy a probarlos").

Pablo parece optimista en cuanto a que el discernimiento (en el sentido de *"dokimaso"*) es un don disponible para la iglesia y sus miembros. Por cierto, algunos dirían que las cartas de Pablo brindan algo más valioso que respuestas específicas a problemas particulares (aunque él claramente lo hace). Pablo ofrece a los primeros cristianos una manera de pensar éticamente, una manera de tomar decisiones morales. Pablo nos anima a que nuestro discernimiento esté centrado en Dios y no que sea centrado en los seres humanos. No deberíamos tomar decisiones pensando en las posibles consecuencias humanas de una decisión. Después de todo, desde la caída, la gente no puede saber y hacer siempre lo que es correcto (Rom 1:18; 3:10, 19-20, 23). Más bien debemos vivir nuestras vidas en respuesta a la generosa misericordia de Dios hacia nosotros y tomar nuestras decisiones así como Dios nos capacita para hacerlo (Fil. 2:13: "porque Dios es el que en vosotros produce así el querer como el hacer, por su buena voluntad"). El discernimiento es entonces un asunto de fe en Dios (Dios nos mostrará la manera) y de fidelidad para con Dios (que hagamos lo que se nos ha mostrado). Este es un proceso continuado (Rom. 12:2b: "transformaos por medio de la renovación de vuestro entendimiento, para que comprobéis cuál es la buena voluntad de Dios, agradable y perfecta").

Sin embargo, Pablo ofrece más pautas. La toma de decisiones recomendada por Pablo se centra en Dios y es guiada por el amor. El amor, para Pablo, es la esencia de la vida cristiana toda (cf., 1 Cor. 16:14). Así que amar al prójimo es una manera de respetar la intención de Dios para con el mundo. Cuando el asunto no está claro como el cristal, hacerse la pregunta "¿Qué demostrará más amor?" es una manera de encarar el asunto como Dios lo espera. La libertad en Cristo para Pablo no es permiso, sino libertad para amar (Gál. 5:13).

Nuestro discernimiento siempre debe ir de la mano de cierta humildad, puesto que nosotros y nosotras somos humanos y experimentamos el Espíritu de Dios en vasos de barro que son frágiles y propensos a errar. De modo que en el proceso de discernir no podemos tener la misma seguridad que Dios tiene. Por esa razón nosotros discernimos y Dios juzga en un sentido final. Pero podemos reconocer que Dios nos ha dotado como individuos y como comunidad de fe con la capacidad de discernir. Podemos orar por una apertura a la presencia y guía del Espíritu en nuestras vidas en tiempos de discernimiento. Podemos estudiar la Palabra de Dios para buscar ayuda sobre cómo Dios ha guiado a la comunidad de fe y cómo la misma ha tomado decisiones en el pasado. Y podemos vivir con la confianza de que en el cumplimiento de los tiempos, será más claro para nosotros cómo seguir a Dios. Recordemos Oseas 6:3, "Esforcémonos por conocer a Jehová: cierta como el alba es su salida. Vendrá a nosotros como la lluvia, como la lluvia tardía y temprana viene a la tierra."

Cuando los miembros se juntan para una reunión de la congregación, se requiere una disposición de espera y de receptividad y voluntad para tomar las decisiones necesarias. Dedicar momentos a estar en silencio cuando se debate y se toman decisiones puede permitir a las personas adquirir una nueva perspectiva. La persona que guía debe intentar en momentos apropiados aclarar el sentido de la reunión.

Himnos:
 HWB 303
 HWB 352
 HWB 420
 HWB 517
 HWB 545
 HWB 546
 HWB 582
 HWB 599

Pasajes bíblicos:
 Deuteronomio 30:11-20   Mateo 18:15-20
 Salmo 1   Juan 16:7-14
 Mateo 16:17-19   Juan 20:21-23

Ayuda visual:
 El arreglo de la habitación es importante para el proceso de discernimiento. Las personas necesitan verse y escucharse unas a otras. Piense en la posibilidad de reunirse en grupos pequeños para permitir que todos participen.

Reunión de la Congregación

Oración de Apertura
Señor de la vida,
te damos gracias porque en nuestra alabanza lo mismo que
  en nuestro trabajo
    podemos reunirnos en tu presencia,
tu Hijo viene a estar entre nosotros,
    y tu Espíritu Santo nos guía.

Al juntarnos para esta sesión de negocios,
ven a estar entre nosotros y nosotras y guíanos.
    Cuando estemos inseguros, danos dirección;
    cuando surjan discrepancias, danos comprensión;
    cuando informemos, danos honestidad;
    cuando hagamos planes, danos audacia;
    cuando tengamos que decidir, danos respeto y
    cortesía.

Nunca nos permitas olvidar que somos tus siervas y siervos,
    llamados a proclamar el reino de Dios,
    comprometidos a seguir a Cristo en la vida,
    unidas y unidos como un solo cuerpo en el Espíritu.

No somos autosuficientes;
    bríndanos tu suficiencia.
No somos sabias ni sabios por nosotros mismos;
    bríndanos tu sabiduría.
No tenemos confianza en nosotros mismos ni en nosotras
  mismas;
    bríndanos confianza,
para que podamos permanecer fieles en tu servicio
    y abundemos en esperanza
por causa de tu reino. Amén.[91]

Atar y Desatar

Tal vez la parte más delicada del ministerio de atar y desatar al que la iglesia está llamada, es hacer responsable a alguna persona de una trasgresión u omisión, o liberar a alguna persona arrepentida de su pecado (Jn. 20:21-23). En general, esta disciplina ocurre de muchas maneras cuando cumplimos con nuestra promesa bautismal de "dar y recibir consejo". Todos sabemos que justificarse a sí mismos no es lo mismo que ser justos, y que mucha angustia ha sobrevenido a personas que con sinceridad lucharon por ser justos pero solo lograron sentirse justos. Al mismo tiempo, hay ocasiones en que las personas terminan atrapadas por el pecado o por la culpabilidad. En ambos casos, la congregación puede mediar para que la gracia de Dios se haga presente en el proceso de atar y desatar.

El siguiente orden de culto ha sido adaptado de un orden para tratar el caso de una persona que cometió abuso y tendrá que ser readaptado de una u otra manera para cubrir las necesidades de distintas situaciones pastorales. Algunos actos de reconciliación deben llevarse a cabo estrictamente entre el penitente y el ministro (cuando la trasgresión no involucra a otros o cuando la víctima y el ofensor u ofensora desean que el arrepentimiento de la parte culpable se manifieste en privado), otros actos se han de realizar entre todos los involucrados y todas las involucradas directamente, y otros más, con la congregación en pleno. En este último caso, una reunión de la congregación es recomendable en lugar de un culto público.

Himno
Oración
Señor y Dios nuestro, grande, eterno, maravilloso, merecedor de absoluta confianza:
> tú nos diste la vida a todos,
> tú ayudas a los que se acercan a ti,
> tú das esperanza a los que llorando vienen a ti.

Perdona nuestros pecados, secretos y expuestos,
> y líbranos de todo hábito de pensamiento que se opone al evangelio.

Trae paz a nuestros corazones, para que podamos vivir nuestras vidas delante de ti confiados y sin temor,
> por Jesucristo, nuestro Señor. Amén.[92]

L: Hemos conocido el misterio del quebranto en nuestro medio.

Nos hace recordar la confesión de Pablo acerca de su propia condición:

"Lo que hago, no lo entiendo, pues no hago lo que quiero, sino lo que detesto, eso hago.... ¡Miserable de mí!

¿Quién me librará de este cuerpo de muerte?" (Rom. 7:15-24)

Nos reunimos aquí para lamentar nuestra inclinación universal al pecado y para lamentar un pecado específico y sus consecuencias.

Nos reunimos para levantar a quien ha sido ofendido.

Nos reunimos también para ofrecer perdón y reconciliación a quien ha pecado.

El perdón tiene por lo menos dos partes, dejar atrás el enojo, y no mantenerse ofendido con el ofensor.

Nuestra capacidad de perdonar es muy variable y depende de muchos factores.

Que todos los aquí reunidos perdonen lo más que puedan y pongan lo que no pueden todavía en manos del Señor.
Porque Dios en Cristo perdona, nos es posible perdonar. Es el comienzo de la esperanza.
"Si confesamos nuestros pecados, él es fiel y justo para perdonar nuestros pecados y limpiarnos de toda maldad". (1 Jn. 1:9)
Aun cuando nos hemos apartado del pecado, algunas veces necesitamos ser conducidos por el sendero del arrepentimiento,
> aceptando límites de comportamiento que no podemos dominar.

Cuando hay una víctima, esa persona necesita sentir la seguridad de amor constante, oración, y compañerismo.

Escritura (Mt. 18:12-22 u otras)

Letanía de Lamentación (apropiada en caso de una ofensa dolorosa)

L: ¡Mira las lágrimas de los oprimidos y oprimidas—sin nadie que les consuele!
> Del lado de sus opresores u opresoras había poder—con nadie para consolarlos a ellos. Por tu misericordia, Señor,

P: Escucha nuestra oración.

L: ¡Clama al Señor! ¡Que tus lágrimas corran día y noche como un arroyo!
> ¡No descanses, ni reposen las niñas de tus ojos!
> ¡Derrama como agua tu corazón ante la presencia del Señor!
> Alza a él tus manos implorando la vida de tus hijos. Por tu misericordia, Señor,

Discernimiento en la Congregación 227

P: Escucha nuestra oración.
L: Mis ojos destilan sin cesar, porque no habrá alivio hasta que el Señor mire y vea desde los cielos. Mis ojos me han entristecido el alma a causa del destino de todas las hijas de mi ciudad. Por tu misericordia, Señor,
P: Escucha nuestra oración.
L: Mi alma se alejó de la paz, me olvidé de lo que es la felicidad. Por tu misericordia, Señor,
P: Escucha nuestra oración.
L: Invoqué tu nombre, Señor, desde la cárcel profunda; y oíste mi voz.
"¡No escondas tu oído del clamor de mis suspiros, dame alivio!" Por tu misericordia, Señor,
P: Escucha nuestra oración.
Todos: "No me desampares, Señor; Dios mío, no te alejes de mí. apresúrate a ayudarme, Señor, mi salvación. Amén. (Ecl.4:1; Lam. 2:18; 3:49-51; 3:17; 3:55-56; Sal. 38:21)

Mencionar la ofensa
Palabras a la persona que ofendió
Palabras de la persona ofendida
Silencio

Perdón
L: ¿Te apartas de tus pecados y vuelves a Cristo?
Penitente: Sí.
L: ¿Buscarás enmendar tu vida y crecer en la gracia?
Penitente: Sí.
L: ¿Es tu intención rectificar lo que has hecho mal?
Penitente: Sí.

L: El Señor ha quitado tus pecados y no volverá a recordarlos.
Nosotros no los recordaremos tampoco. Vete en paz y no peques más.
(Intercambio de la paz entre líder o lideresa y penitente y otros u otras, según sea apropiado)

Apoyo a la víctima (cuando corresponda, con una simple declaración u oración)
Consejo o disciplina (solicitada al penitente o la penitente como expresión de sus intenciones)
Letanía de esperanza (la contraparte de la letanía de lamentación)
L: Jesús dice, Vengan a mí, todos los que están
    trabajados y cargados, y yo los haré descansar.
    Lleven mi yugo sobre ustedes y aprendan de mí, que
    soy manso y humilde de corazón, y hallarán
    descanso para sus almas, porque mi yugo es
    fácil y ligera mi carga.
P: Guíanos, amable Pastor.
L: Mi alma está abatida dentro de mí.
    Pero esto consideraré en mi corazón, y por esto esperaré: el amor del Señor es eterno, nunca decayeron sus misericordias; nuevas son cada mañana; ¡Grande es tu fidelidad!
P: Restáuranos, Padre amado.
L: Por la entrañable misericordia de nuestro Dios, nos visitará desde lo alto la aurora,
    para dar luz a los que habitan en tinieblas y en sombra de muerte, para encaminar nuestros pies por camino de paz.
P: Ilumínanos, brillante Luz.
L: ¿Qué pide el Señor de ti sino solamente hacer justicia, amar misericordia y humillarte ante tu Dios?

P: Enséñanos, bondadosa Sabiduría.
L: Si confesamos nuestros pecados, él es fiel y justo para perdonar nuestros pecados y limpiarnos de toda maldad.
P: Perdónanos, misericordioso Juez.
L: Dios, quien nos reconcilió consigo mismo por Cristo, nos dio el ministerio de la reconciliación; Dios que estaba en Cristo reconciliando consigo al mundo, no tomándoles en cuenta a los hombres sus pecados, nos encargó a nosotros la palabra de la reconciliación.
P: Reconcílianos, compasivo Pacificador.
L: Ama al Señor tu Dios con todo tu corazón, y con toda tu alma, y con toda tu mente...Ama a tu prójimo como a ti mismo.
P: Compasivo y amante Dios, llénanos de tu amor.
Todos: Ni la muerte ni la vida, ni ángeles ni principados ni potestades, ni lo presente ni lo por venir, ni lo alto ni lo profundo, ni ninguna otra cosa creada nos podrá separar del amor de Dios, que es en Cristo Jesús, Señor nuestro. (Mt. 11:28-30; Lam. 3:20-23; Lc. 1:78-79; Mic. 6:8; 1 Jn. 1:9; 2 Cor. 5:18-19; Mt. 22:37-39; Rom. 8:38-39)

Bendición
Dios te bendiga y te guarde;
Dios haga resplandecer su rostro sobre ti
    y tenga de ti misericordia;
Dios alce sobre ti su rostro
    y ponga en ti paz. Amén.

(Himno)[93]

Notas

1 Todas las referencias cuya procedencia no es indicada, pertenecen a John Rempel.

2 Leonard Gross (ed. & tr.), *Prayer Book for Earnest Christians: A Spiritually Rich Anabaptist Resource* (Scottdale: Herald Press, 1996).

3 *Hymnal: A Worship Book.* Su abreviatura en este Manual es HWB, (Elgin: Brethren Press; Newton: Faith & Life Press; Scottdale; Mennonite Publishing House, 1992).

4 Reuben P. Job y Norman Shawchuck, *A Guide to Prayer for Ministers and Other Servants* (Nashville: Upper Room, 1983).

5 *Prayer Book for Earnest Christians: A Spiritually Rich Anabaptist Resource.*

6 *Daily Prayer: The Worship of God*, (Supplemental Liturgical Resource 5). (Louisville: The Westminster Press, 1987), p. 61. Cortesía de Westminster John Knox Press.

7 Atribuído a San Juan Crisóstomo, HWB 728.

8 *Wee Worship Book*, (WGRG: The Iona Community (Scotland), 1989, p. 7. Cortesía de G.I.A. Publications, Inc., agente exclusivo. Derechos reservados. *Este material no puede ser copiado del Manual sin permiso de G.I.A. Publications, Inc., teléfono 708/496-3800.*

9 *Wee Worship Book.* Cortesía de G.I.A. Publications, Inc., agente exclusivo. Derechos reservados. *Este material no*

puede ser copiado del Manual sin permiso de G.I.A. Publications, Inc., teléfono 708/496-3800.

10 *Wee Worship Book.* Cortesía de G.I.A. Publications, Inc., agente exclusivo. Derechos reservados. *Este material no puede ser copiado del Manual sin permiso de G.I.A. Publications, Inc., teléfono 708/496-3800.*

11 *Wee Worship Book.* Cortesía de G.I.A. Publications, Inc., agente exclusivo. Derechos reservados. Adaptado por John Rempel. *Este material no puede ser copiado del Manual sin permiso de G.I.A. Publications, Inc., teléfono 708/496-3800.*

12 Supplemental Liturgical Materials (New York: Church Pension Fund, 1994). Uso autorizado.

13 Traducido y adaptado por John Rempel.

14 Traducido por C.J. Dyck en *Spiritual Life in Anabaptism*, (Scottdale: Herald Press, 1996), p. 211. Reproducido con la autorización de Herald Press. Adaptado por John Rempel. Hans de Ries (1553-1638) fue uno de los líderes menonitas que ejerció mayor influencia en Holanda y el Norte de Alemania en los primeros tiempos después de la era anabautista. Recopiló un libro de mártires, como también un himnario, una colección de sermones, oraciones, e instrucciones para la dirección de ceremonias de la iglesia. Trató de mantener la radicalidad de la visión anabautista y al mismo tiempo buscó combatir la intolerancia y el partidismo de los menonitas de su tiempo.

15 Traducido y adaptado por John Rempel.

16 *Spiritual Life in Anabaptism*, p. 213. Adaptado por John Rempel.

17 Arlene M. Mark, *Worship Resources*, Worship Series 12, (Newton: Faith & Life Press, 1981). Material usado en este ensayo se deriva de este libro.

18 Klaasen and Klaassen, eds., *The Writings of Pilgram Marpeck*, (Scottdale: Herald Press, 1978) p. 265.

19 *Confesión de Fe en una Perspectiva Menonita*, Trad. del inglés, (Scottdale: Herald Press, 2000).

20 Ibid., pp. 59-60.

21 John H. Yoder, traducción, *The Schleitheim Confession*, (Scottdale: Herald Press, 1977).

22 Helmut Harder, *Guide to Faith*, (Newton: Faith & Life Press, 1979); Bruce A. Yoder, *Choose Life: Becoming Disciples-in-Community*, (Scottdale: Mennonite Publishing House, 1984); Frank R. Keller, *Preparation for Covenant Life*, (Newton: Faith & Life Press, 1979); *Making Disciples: A Guide for Youth Catechism Leaders*, (Newton: Faith & Life Press and Scottdale: Mennonite Publishing House, 1992); Jane Hoober Peifer y John Stahl-Wert, *Welcoming New Christians: A Guide for the Christian Initiation of Adults*, (Newton: Faith & Life Press and Scottdale. Mennonite Publishing House, 1995).

23 *Confesión de Fe*, p. 31.

24 Simeon Rues, *Aufrichtige Nachrichten von dem Gegenwartigen Zustande der Mennoniten*, (Jena: Johann Rudolph Kroker, 1743) pp. 132-134. Traducido y adaptado por John Rempel.

25 *Minister's Manual*, (Newton: Board of Publications, 1950). Adaptado por John Rempel.

26 *Patterns and Prayer for Christian Worship*, (Oxford, England: Oxford University Press, 1991), pp. 99-100.

27 Rebecca Slough. Adaptado por by John Rempel.

28 John E. Skoglund y Nancy E. Hall, *A Manual of Worship, New Edition*, (Valley Forge, Judson Press, 1993) pp. 200-202, Adaptado por John Rempel. *A Manual of Worship, New Edition* se puede adquirir de Judson Press, 1-800-458-3766.

29 Charlotte Holsopple Glick.

30 *Baptism, Eucharist, and Ministry*, Faith and Order #111, (Geneva: World Council of Churches, 1982). Este libro incluye el proceso más completo de nuestro tiempo para desarrollar una teología de la Cena del Señor basada en el Nuevo Testamento, guiada por la tradición, y nutrida por una amplia gama de posturas denominacionales.

31 John D. Rempel, *The Lord's Supper in Anabaptism: A Study in the Christology of Balthasar Hubmaier, Pilgram Marpeck and Dirk Philips*, Scottdale: Herald Press, 1993) p. 62ff; *Mennonite Encyclopedia*, v.5, "Communion," pp. 170-172. Esta notable frase viene de Thomas Merton, y expresa en lenguage gráfico una realidad que es central en el concepto anabautista de la iglesia y de la comunión. Por ejemplo, en sus Cartas Programáticas, Conrado Grebel declara que en el partimiento del pan, la iglesia es un pan y un cuerpo; vuelve a recibir la unidad que viene de Cristo. La comunión es el paradigma de la iglesia volviendo a ser lo que ya es, el cuerpo de Cristo.

32 Esto cuestiona el uso de oraciones eucarísticas basadas en modelos patrísticos recientemente desarrollados. Muchos de ellos tienen su profundidad teológica y literaria. Hemos decidido usarlas solamente en forma muy editada por dos razones. Una de ellas es que su extensión y el tono en el cual están formuladas las vuelve demasiado pomposas para su uso por parte de los menonitas. La otra razón es la manera menonita histórica y consistente de interpretar las oraciones de Jesús en la Última Cena como ofrendas separadas de gratitud ante el pan y la copa. Cuando se conectan con una anterior oración general de comunión recordando la obra de Cristo e invocando al Espíritu, estas oraciones nos brindan la combinación más completa de tradición menonita y ecuménica.

33 Ha llegado a ser común en la mayor parte de las congregaciones protestantes que las iglesias den la bienvenida a todos los creyentes que son bautizados y viven una relación con Cristo y con la iglesia. Las iglesias de creyentes han encontrado que la confirmación practicada en iglesias que bautizan párvulos es una señal de una fe y obediencia vivas. Algunas personas, por lo tanto, son partidarias de que se requiera la confirmación para poder participar en la Cena del Señor. Otros argumentan que debemos aceptar invitados en la comunión de acuerdo con la interpretación de sus propias tradiciones.

34 John Bell, *Voices United*, (WGRG The Iona Community (Scotland), 1989). Cortesía de G.I.A. Publications, Inc., agente exclusivo. Derechos reservados. *Este material no puede ser copiado del Manual sin permiso de G.I.A. Publications, Inc., teléfono 708/496-3800.*

35 *Patterns and Prayers for Christian Worship*, p. 76.

36 Beets Mennonite Prayerbook (1802), traducido al inglés y adaptado por John Rempel. Para versiones alternativas del Padrenuestro, ver lecturas Nos. 731 y 732 en HWB.

37 Traducido y adaptado de un antiguo manuscrito, copiado por J.H. Enns, (comienzos del siglo XX).

38 From *Lutheran Book of Worship* © 1978. Used by permission of Augsburg Fortress. All rights reserved 71. See HWB 731-732 para versiones alternativas del Padrenuestro.

39 H. Wayne Pipkin y J. Howard Yoder, traducción, *Balthasar Hubmaier: Theologian of Anabaptism*, (Scottdale: Herald Press, 1989), pp. 403-404. Reproducido con la autorización de Herald Press. Adaptado por John Rempel.

40 Tomado de *Book of Common Worship*, John Knox Press, 1993. Uso autorizado.

41 Hoyt L. Hickman, Don E. Saliers, Laurence Hull Stookey, James F. White, *Handbook of the Christian Year*, (Nashville: Abingdon Press, 1992), pp. 164ff. Uso autorizado. Ver HBW 731-732 para versions alternativas del Padrenuestro. Adaptado por John Rempel.

42 Gail Ramshaw, Eucharistic prayer 5. Adaptado por John Rempel.

43 Liturgy of St. James. Adaptado por John Rempel.

44 Rebecca Slough. Adaptado por John Rempel.

45 Rebecca Slough. Adaptado por John Rempel.

46 Keith Watkins, *Celebrate with Thanksgiving*, (St. Louis: Chalice Press, 1991), p. 115. Adaptado por John Rempel.

47 Janet Morley, *All Desires Known*, (Harrisburg: Morehouse Publishing, 1988, 1992). Reproducido con permiso de Morehouse Publishing.

48 *The Book of Common Prayer*, (New York: Church Pension Fund, 1979), p. 365.

49 *Supplemental Liturgical Materials*.

50 Rebecca Slough. Adaptado por John Rempel.

51 *Confesión de Fe*, p. 30.

52 Ibid, p.87.

53 *Book of Alternative Services of the Anglican Church of Canada*, (Toronto: General Synod of the Anglican Church of Canada, 1985). Uso autorizado. Ver HWB 731-732 para versiones alternativas del Padrenuestro

54 Ibid, incluye materiales adaptados.

55 *Baptism and Belonging*, (North York, ON: The Presbyterian Church in Canada, 1991). Derechos reservados. Uso autorizado.

56 *An Order of Thanksgiving for the Birth or Adoption of a Child*, (Princeton: Consultation on Church Union, 1980).

57 Russell Krabill, *Words for Worship* edited by Arlene M. Mark, selection 276, (Scottdale: Herald Press, 1996).

Reproducido con permiso de Herald Press.

58 *Supplemental Liturgical Materials*. Ibid.

59 Extractos de *Ordination of Deacons, Priests, and Bishops*, (Washington: International Committee on English in the Liturgy, Inc., 1975). Derechos reservados. Adaptación autorizada.

60 Elizabeth Stuart, ed., *Daring to Speak Love's Name*, (London: Hamish Hamilton, Penguin Books Ltd., 1992), pp. 20-121.

61 *The Book of Common Prayer*, p. 567.

62 Charlotte Holsopple Glick y Del Glick. Adaptado por by John Rempel.

63 Rebecca Slough.

64 *Supplemental Liturgical Materials*.

65 Rebecca Slough. Adaptado por by John Rempel.

66 *A Mennonite Polity for Ministerial Leadership*, (Newton: Faith & Life Press, 1997).

67 Incluye material de *Book of Alternative Services of the Anglican Church of Canada*.

68 Extractos de *Ordination of Deacons, Priests, and Bishops*.

69 Adaptado de *All Desires Known*.

70 Ver: *Patterns and Prayers for Christian Worship*; Heinz y Dorothea Janzen, eds. *Minister's Manual* (Newton: Faith & Life Press and Scottdale: Herald Press, 1983).

71 John Rempel, con material de *Minister's Manual*, 1983.

72 Ver: *Minister's Manual*, 1950; y *Provisional Rite for Consecration of Diaconal Ministers and Deaconesses*, (Chicago, ELCA, 1996)

73 Ibid.

74 *Book of Alternative Services*, p. 563.

75 Ibid, p. 564.

76 Traducción y adaptación de *Handbuch für Prediger*, (Winnipeg: Conference of Mennonites in Canada, 1965).

77 *Daring to Speak Love's Name.*
78 *Patterns and Prayers for Christian Worship*, p. 147. Adaptado por by John Rempel.
79 Ibid, p.149.
80 Ibid, p. 159.
81 Ibid.
82 Ibid, pp. 162-163.
83 Ibid, pp. 163-164.
84 Ibid, p. 165.
85 Ibid, p. 157.
86 John Donne.
87 *Book of Alternative Services*, p. 554.
88 *The Book of Common Prayer*, p. 456.
89 Ver: Kenneth A. Gibble, *For All Who Minister*, (Elgin: Brethren Press, 1993), pp. 266-267, reproducción autorizada; Martin Dudley y Geoffrey Rowell, eds, *The Oil of Gladness: Anointing in the Christian Tradition*, (Collegeville: Liturgical Press, 1993) p. 158, 198, 200, 203, reproducción autorizada por la editorial; *Minister's Manual*, 1983.
90 Rebecca Slough. Adaptado por John Rempel.
91 Arlene M. Mark. *Words for Worship*, adaptado de la selección 302. Reproducción autorizada por Herald Press.
92 *HWB* #699, basada en una oración de la liturgia de San Basilio de Cesarea, siglo IV.
93 Melissa Miller. Adaptado por John Rempel.
94 *Confesión de Fe en una Perspectiva Menonita*, p. 105

Confesión de Fe
Declaración Resumida

1. Creemos que **Dios** existe y que le agradan todos los que se le acercan por la fe. Adoramos al único Dios santo y de amor, que es Padre, Hijo y Espíritu Santo. Creemos que Dios ha creado todas las cosas visibles e invisibles, ha traído salvación y vida nueva a la humanidad por medio de Jesucristo, y sostiene activamente a la iglesia y a todas las cosas hasta el fin del tiempo.

2. Creemos en **Jesucristo**, la Palabra de Dios hecha carne. Él es el Salvador del mundo, que nos ha librado del dominio del pecado y reconciliado con Dios mediante su muerte en una cruz. Fue declarado Hijo de Dios mediante su resurrección de entre los muertos. Él es la cabeza de la iglesia, el Señor exaltado, el Cordero que fue inmolado, que volverá para reinar con Dios en gloria.

3. Creemos en el **Espíritu Santo**, el Espíritu eterno de Dios, quien habitó en Jesucristo, da poder a la iglesia, es la fuente de nuestra vida en Cristo, y ha sido derramado sobre los que creen, como garantía de la redención.

4. Creemos que toda **Escritura** es inspirada por Dios por medio del Espíritu Santo para instrucción en la salvación y adiestramiento para la justicia. Aceptamos las Escrituras como Palabra de Dios y como regla plenamente segura y

fiable para la fe y la vida cristianas. Guiados por el Espíritu Santo en la iglesia, interpretamos las Escrituras en armonía con Jesucristo.

5. Creemos que Dios **creó los cielos y la tierra** y todo lo que en ellos hay, y que Dios conserva y renueva lo que ha sido creado. Toda la creación viene de una fuente externa a sí misma y pertenece a su Creador. El mundo fue creado bueno porque Dios es bueno y provee todo lo que es necesario para la vida.

6. Creemos que Dios ha **creado a los seres humanos** a la imagen divina. Dios los formó del polvo de la tierra y les dio una dignidad única entre todas las obras de la creación. Los seres humanos han sido creados para relacionarse con Dios, para vivir en paz unos con otros, y para cuidar del resto de la creación.

7. Confesamos que, empezando con Adán y Eva, la humanidad ha desobedecido a Dios, ha cedido ante el tentador y ha optado por el **pecado**. Nadie ha alcanzado la intención del Creador, en todos se ha empañado la imagen de Dios con que fueron creados. Todos han atentado contra el orden en el mundo y puesto límites a su amor por los demás. Por causa del pecado, la humanidad ha sido entregada a la esclavitud de los poderes del mal y de la muerte.

8. Creemos que, por medio de Jesucristo, Dios **ofrece salvación** del pecado, y una nueva manera de vivir. Recibimos la salvación de Dios cuando nos arrepentimos y aceptamos a Jesucristo como Salvador y Señor. En Cristo somos reconciliados con Dios e integrados en la comunidad reconciliadora. Confiamos en Dios que, por el mismo poder que levantó a Cristo de entre los muertos, es posible ser salvados del pecado para seguir a Cristo y conocer la plenitud de la salvación.

9. Creemos que la **iglesia** es la asamblea de los que han aceptado la salvación por fe en Jesucristo que ofrece Dios. Es la nueva comunidad de discípulos enviada por todo el mundo para proclamar el reino de Dios y para servir como anticipo de la esperanza gloriosa de la iglesia. Es la nueva sociedad establecida y sustentada por el Espíritu Santo.

10. Creemos que la **misión** de la iglesia es proclamar el reino de Dios y ser una señal del reino de Dios. Cristo ha comisionado a la iglesia para hacer discípulos de todas las naciones, bautizándolos y enseñándoles a observar todas las cosas que ha mandado.

11. Creemos que el **bautismo** de creyentes con agua es una señal de haber sido lavados del pecado. El bautismo es también una señal ante la iglesia de su pacto con Dios para andar en el camino de Jesucristo gracias al poder del Espíritu Santo. Los que creen se bautizan en Cristo y en su cuerpo por medio del Espíritu, el agua y la sangre.

12. Creemos que la **Cena del Señor** es una señal por la que la iglesia recuerda con gratitud el nuevo pacto que Jesús estableció al morir. Al comer y beber en esta comunión, la iglesia renueva su pacto con Dios, y unos con otros, y participa en la vida y muerte de Jesucristo, hasta que él vuelva.

13. Creemos que al **lavar los pies** de sus discípulos, Jesús nos llama a servirnos unos a otros en amor como lo hizo él. De esta manera reconocemos nuestra necesidad frecuente de limpieza, renovamos nuestra disposición a deshacernos del orgullo y del poder mundanal, y ofrecemos nuestras vidas en servicio humilde y amor sacrificado.

14. Cultivamos la **disciplina** en la iglesia como señal de la gracia transformadora que nos ofrece Dios. La intención de la disciplina es librar del pecado a los hermanos y hermanas cuando yerran, y restaurarles a una relación

correcta con Dios y a la comunión de la iglesia. Cultivar la disciplina brinda integridad al testimonio de la iglesia en el mundo.

15. Creemos que el **ministerio** es una continuación de la obra de Cristo, quien da dones por medio del Espíritu Santo a todos los creyentes y los capacita para servir en la iglesia y en el mundo. También creemos que Dios llama a ciertas personas en particular a ejercer ministerios y funciones específicas como líderes. Todos los que ministran han de dar cuentas a Dios y a la comunidad de fe.

16. Creemos que la iglesia de Jesucristo es **un cuerpo** con muchos miembros, dispuesto de tal forma que, mediante un único Espíritu, los creyentes puedan ser edificados espiritualmente como morada de Dios.

17. Creemos que Jesucristo nos llama al **discipulado**, a tomar nuestra cruz y seguirle. Por medio del don de la gracia salvadora de Dios, recibimos la potestad de ser hechos discípulos de Jesús, llenos de su Espíritu, siguiendo sus enseñanzas y su camino a una vida nueva a través del sufrimiento. A medida que somos consecuentes con su manera de vivir, nos vamos conformando a Cristo y separando del mal que hay en el mundo.

18. Creemos que quien es discípulo de Jesús goza de **vida en el Espíritu**. A medida que la vida, muerte y resurrección de Jesucristo nos da forma, vamos creciendo en la imagen de Cristo y en nuestra relación con Dios. El Espíritu Santo está activo en la adoración personal y de la comunidad, llevándonos a una experiencia cada vez más profunda de Dios.

19. Creemos que la intención de Dios es que la vida humana nazca en **familias** y sea bendecida mediante familias. No sólo esto, sino que Dios desea que todas las personas lleguen a ser parte de la iglesia, que es la familia

de Dios. A medida que los miembros solteros y casados de la familia que es la iglesia dan y reciben sustento y salud, las familias pueden crecer hacia la integridad que es la voluntad de Dios para ellas. Dios nos llama a la castidad y a la fidelidad matrimonial en amor.

20. Nos comprometemos a decir la **verdad**, a responder con sencillez sí o no, y a evitar el jurar y juramentar.

21. Creemos que todo pertenece a Dios, quien llama a la iglesia a vivir como **mayordomos** fieles de todo lo que Dios nos ha encomendado, y a participar ahora en el descanso y la justicia que Dios ha prometido.

22. Creemos que la voluntad de Dios es que haya **paz**. Dios creó el mundo en paz, y la paz de Dios ha sido revelada plenamente en Jesucristo, quien es nuestra paz y la paz del mundo entero. Guiados por el Espíritu Santo, seguimos a Cristo en el camino de la paz, haciendo justicia, trayendo reconciliación y practicando la no violencia, incluso allí donde hay violencia y guerra.

23. Creemos que la iglesia es la nación santa de Dios, llamada a una lealtad absoluta a Cristo su cabeza, testificando del amor salvador de Dios a **toda nación, todo gobierno y toda sociedad**.

24. Nuestra esperanza está **en el reino de Dios** y su cumplimiento aquel día cuando Cristo volverá en gloria para juzgar a los vivos y a los muertos. Él reunirá a su iglesia, que vive ya bajo el reinado de Dios. Aguardamos la victoria final de Dios, el fin de esta presente era de conflictos, la resurrección de los muertos, y un nuevo cielo y una nueva tierra. Allí el pueblo de Dios reinará juntamente con Cristo en justicia, rectitud y paz por toda la eternidad.[94]

www.ingramcontent.com/pod-product-compliance
Lightning Source LLC
LaVergne TN
LVHW051548070426
835507LV00021B/2471